Usa

LinkedIn

como si fueras un experto

Por
Javier Salazar Calle
Diego Romero Sánchez

Diseño de portada © Arancha Horcajada Rodríguez

Título original: Usa LinkedIn como si fueras un experto.

Copyright libro © Javier Salazar Calle, Diego Romero Sánchez, 2015

Copyright imágenes LinkedIn © LinkedIn, 2015

Fotos de los autores © Ignacio Insua, 2015

2ª Edición

Seguir a los autores:

Javier Salazar Calle

- Web: http://www.javiersalazarcall.com
- LinkedIn: http://es.linkedin.com/in/javiersalazarcalle
- Facebook: https://www.facebook.com/jsalazarcalle
- Twitter: https://twitter.com/Jsalazarcalle
- Google+: https://plus.google.com/u/0/+JavierSalazarCalle_escritor

Diego Romero Sánchez

- Facebook: https://www.facebook.com/romero.sanchez.diego
- LinkedIn: http://es.linkedin.com/in/diegoromerosanchez/
- Google+: https://plus.google.com/+DiegoRomeroSchez

Reservados todos los derechos. Queda totalmente prohibida la reproducción total o parcial de este documento por cualquier procedimiento electrónico o mecánico, incluso fotocopia, grabación magnética y óptica o cualquier sistema de almacenamiento de información o sistema de recuperación sin permiso de los propietarios del copyright.

Todas las marcas, razones sociales y todos los nombres de productos y logotipos en el libro son marcas registradas de sus propietarios respectivos. Esta publicación tiene por objeto proporcionar unos conocimientos precisos y acreditados sobre el tema tratado.

Dedicado a todos aquellos que mantienen vivas las ganas de mejorar día a día, porque no hay que conformarse nunca pero siempre hay que ser feliz.

Especial mención a Teresa y Elena, que han tenido la paciencia de aguantarnos mientras escribíamos el libro, y de revisarlo una vez finalizado.

ÍNDICE

ÍNDICE	vii
Prólogo	1
Sobre los autores	5
Introducción	7
Iniciación a LinkedIn	9
¿Qué es LinkedIn?	10
Cifras sobre LinkedIn	11
Usos de LinkedIn	13
Consejos generales	14
Claves de un perfil profesional	15
Introducción a LinkedIn para profesionales	16
Alta de un perfil profesional	18
Estructura de un perfil	23
Tu tarjeta de visita	24
Personaliza la URL	25
Personalización del perfil	26
Extracto	27
Experiencia	28
Cursos	29
Idiomas	30
Aptitudes y validaciones	31
Educación	32
Información Adicional	33
Recomendaciones	34
Grupos	35
Certificaciones	36
Resto	37
Configuración de contacto	38
Multi-idioma	39
LinkedIn Premium	40
Claves de un perfil reclutador	41
Introducción a LinkedIn para reclutadores	42
Comparativa Facebook, Google+, Twitter y LinkedIn	43
¿Qué aporta LinkedIn?	46
¿Cómo construir un perfil que reclute?	47
¿Qué deberías utilizar en LinkedIn?	48
¿Dónde publicar una oferta?	52

- Consejos 53
- LinkedIn Premium..56

Claves de un perfil de empresa 57
- Introducción a LinkedIn para empresas..58
- Por qué un perfil de empresa 60
- Alta de un perfil de empresa 64
- Posicionamiento: compartir actualizaciones 70
- Posicionamiento: publicar empleo 72
- Posicionamiento: consejos 75
- Marketing: LinkedIn Ads 76
- Marketing: actualizaciones esponsorizadas 82
- ¿Lo estás haciendo bien?..87

Claves de LinkedIn para universitarios 89
- Introducción a LinkedIn para universitarios 90
- Buscador de universidades 92
- Clasificación de universidades 93
- Buscador de disciplinas académicas 94
- Tablón de decisiones 95

Claves de LinkedIn para grupos 97
- Introducción a LinkedIn para grupos 98
- Alta de un grupo 99
- Consejos sobre los grupos 102
- Gestión como administrador del grupo..104
- Búsquedas dentro de un grupo y más 106
- *Announcements*: correo a tus seguidores 107

Aprovechamiento de recursos..109
- Búsqueda avanzada de personas..110
- Búsqueda booleana 113
- Gestionar contactos I: etiquetar, ver por tipologías...........................115
- Gestionar contactos II: configuración e información de contacto.....116
- Gestionar contactos III: desde el perfil 117
- Añadir contactos...118
- ¿Es interesante el posible contacto? 119
- Uso del buzón: funcionalidades..121
- Uso del buzón: gestionar las invitaciones...123
- Uso del buzón: uso óptimo 124
- Notificaciones 125
- Intereses 126
- ¿Quién ha visto tu perfil? 127
- Crear una insignia 129

- Insertar tu perfil en tu blog 130
- Exportar los contactos de LinkedIn 131
- Cómo ganar visibilidad: hazte ver 132
- ¿Cantidad o calidad en los contactos? 133

Búsqueda de empleo 135
- Búsqueda de empleo: ¿cómo? 136
- Búsqueda de empleo: habilidades 138
- Búsqueda de empleo: palabras más buscadas 139
- Búsqueda de empleo: claves y hábitos 140
- Búsqueda de empleo: guardar el secreto 141
- Búsqueda de empleo: herramientas que ayudan 144
- Hacer una infografía del perfil de LinkedIn 145
- Deja que LinkedIn haga tu currículo 146
- Deja que Slideshare haga tu currículo 147

Off the topic 149
- Curiosidades del día a día 150
- ¿Cómo encontrar los temas más actuales en LinkedIn? 151
- Dar de baja y recuperar el perfil de LinkedIn 152
- Conseguir el histórico de tu perfil de LinkedIn 154
- LinkedIn Connected: la app de LinkedIn 156
- Grytics: ayuda para analizar grupos de LinkedIn 157
- Professionals Like You: ¿estoy bien situado? 158

Competidores 159
- Comparativa con la competencia 160
- La mejor red social según para qué 161

Glosario 163
- Términos importantes 164

Otros libros del autor 166

Prólogo

Que la fenomenología tecnológica es una de las características más relevantes del actual siglo es un hecho incuestionable. Que los cambios operados en ella tienen una velocidad e intensidad considerables, también. Que el futuro será notablemente diferente al presente es una consecuencia obligada de lo anterior.

Pues bien, en este libro, Diego Romero y Javier Salazar realizan un análisis, pleno de interés y utilidad, de los efectos que en el mundo de las relaciones profesionales está provocando –y, sin duda, provocará aún en mayor medida- una de las manifestaciones de la revolución tecnológica: LinkedIn.

El interés es incuestionable. Si de acuerdo a la afirmación atribuida al genial Albert Einstein, "tan solo sé de algo, cuando puedo expresarlo con números y datos", es claro que Diego y Javier conocen profundamente la realidad del fenómeno LinkedIn y, merced a su conocimiento, nos aportan un conjunto de cifras ciertamente ilustrativas sobre la evolución alcanzada por la red.

Así, haber logrado llegar a la cifra de 400 millones de usuarios en el mundo (80 en Europa, 6 en España), revela la amplitud con la que se ha extendido el uso de LinkedIn en apenas diez años.

Extensión a la que se une la intensidad con la que es utilizada. Describen los autores que el 27% de los usuarios de LinkedIn, cerca de 100 millones de individuos, se conectan directamente a su perfil, dato que indica que se trata de un instrumento utilizado de manera significativamente activa.

Adicionalmente, es destacable la tendencia de crecimiento del uso de LinkedIn: 1,5 millones de usuarios nuevos por semana, lo que induce a considerar que su desarrollo futuro revolucionará el funcionamiento y las relaciones del mercado de trabajo –entre oferentes y demandantes de empleo-, y del mercado de bienes y servicios –entre productores y clientes-.

Es obvio que en un entorno cambiante como el que vivimos y, especialmente, como el que se avecina, la ventaja competitiva la obtiene quien demuestra mayor capacidad de adaptación al cambio. Para hacerlo, es preciso identificar las claves del proceso, los instrumentos decadentes y los emergentes y, en base a ello, reorientar adecuadamente estrategias y pautas de conducta.

Ahí radica el interés del libro de Diego y Javier que, a lo largo de sus páginas, va diseccionando los diferentes perfiles del potencial usuario de LinkedIn (buscador de empleo, reclutador de talentos, oferente de bienes y servicios). Para cada supuesto, señalan tanto los consejos adecuados para optimizar su utilización, como los errores que deben evitarse.

A los que conocemos a los autores, sabemos de la vocación de Diego y Javier por el emprendimiento, de su interés por el mundo de la empresa y de los profesionales que trabajan en ella, nos resultará interesante y útil leer y aplicar sus consejos y recomendaciones. A los que no los conocen, adicionalmente les sorprenderá la claridad de sus planteamientos y la pedagogía con la que saben exponerlos.

La oportunidad que me han brindado (gracias por dármela) de contribuir modestamente con este prólogo a conformar el libro que han elaborado, me ha permitido conocer antes que a sus futuros lectores y usuarios el excelente trabajo que han realizado.

Por ello, tengo la satisfacción de poder ser el primero en felicitarles efusivamente, anticipándome a las felicitaciones que, estoy seguro, recibirán de los futuros lectores. Al tiempo que les felicito, les animo a que sigan perseverando en la producción literaria, abordando otros temas de los que son aficionados y conocedores, como puedan ser los casos del mundo financiero o del bursátil.

Ignacio Ruíz-Jarabo Colomer

Socio Director de Carrillo & Ruiz-Jarabo Asociados
Presidente de ADECLA
Ex Presidente de la Sociedad Estatal de
Participaciones Industriales (SEPI)
Ex Director General de la Agencia Tributaria

Sobre los autores

Javier Salazar Calle

Javier nació en Madrid el 29 de julio de 1976. Estudió Administración y Dirección de Empresas por la Universidad Rey Juan Carlos y, posteriormente, Ingeniería Informática en la UNED.

Ha desarrollado prácticamente toda su carrera profesional por cuenta ajena en el sector banca, donde empezó trabajando como Gestor de banca telefónica, y los últimos catorce años ha trabajado tanto en Pagos y Medios de Pago (temas de tarjetas, transferencias y domiciliaciones). En su faceta de emprendedor gestionó las inversiones en bolsa de su propia cartera de clientes, creó una empresa de exportación/importación con China y, actualmente, es CEO y co-fundador de una empresa de desarrollo de aplicaciones móviles, Squeezing the minds.

Como escritor le han publicado varios microrrelatos y poesías y ha publicado una novela de aventuras, "Ndura. Hijo de la selva", que está traducida a varios idiomas (inglés, francés, rumano, ruso…) y que ha sido elegida como mejor novela juvenil de 2014 por el diario El Economista y sus lectores y un drama con tintes románticos y policíacos, Sumalee. Historias de Trakaul".

Diego Romero Sánchez

Diego, natural de Madrid, se licenció en Economía por la Universidad Carlos III (Getafe) y obtuvo un postgrado en Valoración de Empresas en el Options and Futures Institute (actual IEB).

En los inicios de su trayectoria profesional, se dedicó a la auditoría interna, pasando a los dos años a la consultoría financiera donde continúa en la actualidad. A lo largo de estos últimos años ha pasado por varios proyectos especializándose en la parte de activo de la banca.

Aficionado a los mercados financieros, en especial al de divisas y a los productos derivados, aplicó sus conocimientos para el cálculo de cuotas y el trading en las apuestas, creando Betandinvest. En la actualidad, aparte de colaborar con Javier Salazar en este libro, colabora con pequeñas empresas para el posicionamiento estratégico de sus negocios.

Introducción

Con el paso de los años la forma de buscar trabajo, de encontrar a las personas que se quieren incorporar a una organización, de relacionarse entre empresas, de gestionar la publicidad y darse a conocer, de compartir el conocimiento o simplemente de informarse, ha cambiado de forma radical. Aun así, la esencia sigue siendo la misma y la clave es única: la información. Teniendo la información adecuada todas estas actividades se hacen más eficientes, precisas, organizadas, lucrativas y rápidas. Esa información y la explotación de la misma ha dado un vuelco a la forma de trabajar y de actuar. La búsqueda de las herramientas óptimas para localizarla, utilizarla y generar beneficio con ella se ha convertido en una carrera sin fin que lleva vigente desde hace décadas y que no tiene visos de frenarse.

En este entorno de cambios, cada vez más rápidos y con la necesidad acuciante de información en tiempo real, surge LinkedIn™. Lo que al principio parecía un mero escaparate de currículos empezó a ser trabajado de forma profesional por algunos visionarios que abrieron los ojos al mundo. Tanto la búsqueda de empleo como para la generación de imagen de marca y el marketing se convirtió pronto en una herramienta imprescindible, necesidad que se ha hecho más apremiante con el vertiginoso aumento de los usuarios registrados.

Con tantos usuarios, grupos y perfiles de empresa, ¿cómo destacar?. Llegados a este punto los valores de siempre retoman vigor: una buena presentación, una información clara y concisa, además de completa y verídica, y un buen posicionamiento basado en un buen aprovechamiento de las herramientas concretas de la aplicación: los grupos, las empresas, densidad de palabras, actividad, etc.

En este libro intentamos de forma muy comprensible y breve hacer entender al lector las claves principales que permitirán que su perfil personal o de empresa esté entre los mejores de esos más de 400 millones y, por lo tanto, aumente su visibilidad y proyecte una imagen adecuada a sus intereses. Además, escondidos entre las páginas se pueden encontrar algunos consejos de manejo de la marca personal o de gestión de empresas que resultarán tremendamente útiles en el día a día.

Esperamos que sea de utilidad y que ayude a cada persona a cumplir sus sueños o, por lo menos, a darles una oportunidad.

Javier y Diego

Iniciación a LinkedIn

¿Qué es LinkedIn?

Es la red social lanzada en 2003 por Reid Hoffman, empresario americano e inversor de riesgo (invirtió en los inicios de Paypal, Facebook y Zynga). La clave del lanzamiento de la red social se puede extraer de esta cita "Hay que pensar de forma proactiva sobre cómo utilizar una herramienta que te permite moverte por distintos caminos por los que nunca antes has ido y, a la mayoría de la gente, eso es algo que no se le da bien".

LinkedIn™ es la red profesional más grande del mundo (con presencia en más de 200 países y más de 400 millones de usuarios, 6 de los cuales solo en España). Es una de las herramientas más importantes que usan los reclutadores para buscar los perfiles que demanda el mercado y captar talento. Facilita una forma sencilla de darte a conocer y construir tu red de contactos. Permite recolectar información de las compañías en las que quieres trabajar y prepararte para las entrevistas.

LinkedIn™ también te da la oportunidad de encontrar gente como tú y conectarte con ellos sin necesidad de tener su dirección de correo electrónico. Permite establecer relaciones productivas entre las empresas y los profesionales. Además, puedes presentar tu perfil personal en más de 45 idiomas y el de empresa en más de 25 (y creciendo).

Para que te hagas una idea de su importancia en internet, la página de LinkedIn™ está en el ¡puesto 11º! de páginas web en el ranking Alexa a nivel mundial; es decir, es la undécima página más popular del mundo por la combinación de número de visitantes y páginas vistas (la séptima en EE.UU. y la décima en España).

Para ayudarte a facilitar la compresión, a lo largo del libro utilizamos tres iconos para señalar cosas importantes:

🛈 → Información útil. Leer atentamente.

⚠ → Información fundamental. A tener muy en cuenta.

⛔ → Error común. A evitar.

Cifras sobre LinkedIn

¿Qué cifras se manejan acerca de esta red social?:

- Más de 400 millones de usuarios totales en octubre 2015, en más de 200 países.

- Más de 80 millones de usuarios en Europa, 61 en Asia, 10 en Oriente Medio, 107 solo en Estados Unidos.

- Más de 39 millones de estudiantes y recién licenciados.

- Más de 6 millones de usuarios en España. Crecimiento de 80.000 usuarios al mes durante 2014.

- 2 usuarios nuevos en el mundo por segundo.

- 1,5 millones de nuevos usuarios por semana.

- Más de 1 millón de posts publicados por los usuarios.

- El 41% de los usuarios se conectan diariamente a su perfil.

Y muchas más estadísticas sobre LinkedIn™ en:
http://expandedramblings.com/index.php/by-the-numbers-a-few-important-linkedin-stats/3/

Cifras presentadas en millones

Algunos datos interesantes sobre LinkedIn™ y su uso, tanto de grupos como de altas, países, empresas y actividad dentro de la red son:

- **GRUPOS:** más de 2,1 millones de grupos.
- **USUARIOS:** 61% usuarios considera LinkedIn como la red social profesional de referencia.
- **EMPRESAS:** más de 3 millones de páginas de Empresas.
- **DEBATES:** más de 1,2 millones de debates y comentarios en grupos por semana.
- **PAÍSES:** presencia en más de 200 países.
- **ALTAS:** 1,5 millones de altas de usuarios en grupos a la semana.
- **USO:** el 41% de los usuarios lo revisa diariamente.

Con estas cifras puedes darte cuenta fácilmente de que no solo es una red inmensa, sino que tiene una actividad y movimiento interno diario increíble. Todo esto hace que la relevancia de LinkedIn™ como red profesional sea muy alta y que sea imprescindible no solo estar en ella, sino estar bien posicionado.

Usos de LinkedIn

En general, los usos más comunes son:
- El principal: búsqueda de empleo (o búsqueda de profesionales con talento si eres una empresa o un reclutador).
- Interacción en grupos de intereses comunes.
- Búsqueda de proveedores y clientes si eres autónomo o empresa oferente de bienes y servicios.
- Consulta de dudas de temas específicos: legales, sobre empresas, de aficiones, técnicos, de emprendimiento, sobre innovaciones tecnológicas, etc.

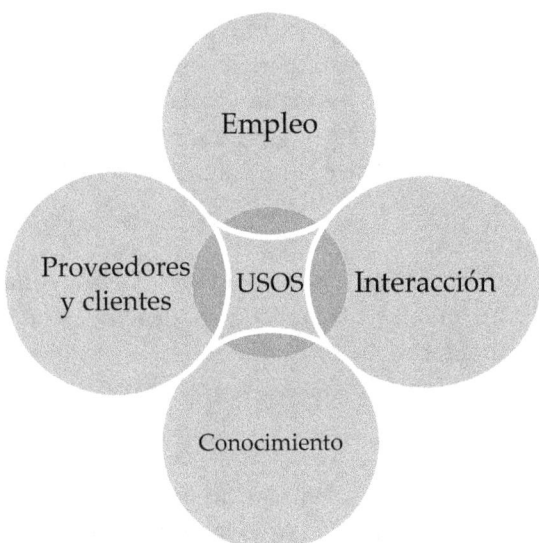

Funciones más utilizadas de LinkedIn™ según sus usuarios:
- Conocer quién ve tu perfil: 76%
- Establecer contacto con personas conocidas: 63%
- Enviar mensajes directos a los contactos: 50%
- Buscar empresas: 45%
- Participar en grupos: 41%

Actividades que más se realizan en LinkedIn™ según sus usuarios:
- Buscar personas y empresas: 74%
- Conectar con antiguos compañeros y empresas: 72%
- Fomentar una marca personal: 42%
- Fabricar conexiones con posibles compradores: 41%
- Generar oportunidades de negocio: 27%

Consejos generales

Algunos consejos para empezar acerca de la utilización de la red social:

- Empatiza con los reclutadores, ponte en su lugar y piensa en cómo buscarán los perfiles que necesitan, qué palabras utilizarán, qué es lo que quieren ver primero. Si de verdad te paras a hacer bien este ejercicio, las posibilidades de que te encuentren después en sus búsquedas se dispararán exponencialmente. Diseña tu perfil en base a lo que ellos buscarán, no en lo que a ti te guste más.

- ⚠ La densidad de palabras claves es crítica. Aquellos términos que mejor definan tu área de conocimiento o lo que quieres destacar tienen que aparecer varias veces en tu perfil para mejorar tu posicionamiento SEO (Search Engine Optimization). Además, en la parte superior de tu perfil deben estar todos esos términos clave. Para ello, haz un buen uso del título profesional y del extracto. Maximizando con ello el impacto que pueden tener.

- LinkedIn™ es una carrera de fondo no un sprint. Da resultados a medio y largo plazo. Hay que trabajar mucho en el perfil para optimizarlo y que genere oportunidades. Una vez que el tren está en marcha te costará poco moverlo y recibirás las rentas al esfuerzo previo. ¡Pero no olvides echarle combustible!

- LinkedIn™ no es Facebook. Mientras Facebook es un escaparate de tu vida personal, LinkedIn™ lo es de tu vida profesional. Olvídate de fotos en la playa, frases bonitas sobre la vida y vídeos graciosos. Aquí tienes que proyectar una imagen profesional acorde con tus objetivos. Foto elegante, comentarios profesionales y vídeos de interés.

- Da igual todo lo que leas en este libro. Luego cada persona y sector tiene sus peculiaridades, que debes identificar y aprender a explotar. Nosotros te damos el cuchillo, pero tú tienes que afilarlo y saber dónde y cómo utilizarlo. Un buen consejo es localizar a personas que destacan en tu sector y fijarte en su perfil. Si han llegado tan arriba, algo harán bien.

Claves de un perfil profesional

Introducción a LinkedIn para profesionales

En los siguientes apartados analizaremos cuidadosamente y paso a paso el proceso de alta de un perfil, las diferentes partes de las que consta y cómo rellenarlas para sacar el mayor partido posible. Lo haremos de tal forma que la información que aportemos sea clara y útil, además de visual. Evitando caer en farragosas y aburridas explicaciones que no llevan a nada.

Al final no deja de ser un ejercicio de sentido común, de entender cómo funciona la red social y, con ese conocimiento, enriquecer y orientar nuestro perfil para obtener los resultados deseados. Y es que, esa es la clave de todo, identificar qué resultados queremos obtener, cuál es nuestro objetivo. Mientras esto no esté definido no sirve de nada el esfuerzo que hagas.

⚠️Plantéatelo, ¿qué quieres conseguir de LinkedIn™? Las posibilidades son muchas: un nuevo trabajo, mejorar el actual, cambiar de sector, entrar en contacto con posibles clientes o proveedores, poder intercambiar ideas con expertos de tu sector o del sector que te interesa, poder resolver dudas concretas de temas muy especializados, encontrar el talento que tu empresa necesita... Como ves, las posibilidades son muchas y solo tú puedes definir el uso que le quieres dar a esta red social. En base a tu objetivo final habrá que desarrollar una estrategia bien fundamentada que nos lleve a conseguirlo.

También es importante gestionar tus expectativas. ¿Me interesa tener el perfil en LinkedIn™? Es menos probable que alguien busque un perfil como un fontanero en LinkedIn™ que un administrativo-comercial, pero eso no quiere decir que no pase o que no haya en LinkedIn™ grupos muy interesantes donde intercambiar opiniones del sector. Esta misma lógica se puede aplicar a los perfiles de empresa. Si tu empresa tiene una vocación muy local (tienda de alimentación, administración de fincas, gimnasio, herboristería, tintorería...) tus esfuerzos en esta red social seguramente obtengan menos réditos que si es una empresa con clara vocación internacional. Pero, ¿esto debe suponer un freno? Es una decisión que solo está en tus manos.

Todos estos consejos que aportamos a lo largo tanto de esta sección como de todo el libro, son extensibles a otras redes profesionales en las que puedas estar dado de alta. Al fin y al cabo, el sentido común sobre un aspecto de la vida se puede aplicar a ese mismo aspecto en otros lugares. Estos mismos consejos puedes utilizarlos en redes sociales profesionales generalistas y en redes sociales profesionales específicas para determinados segmentos de la población (estudiantes, médicos, militares, informáticos...) como Xing, Viadeo, Tianjin, Infojobs, Solaborate, ICTnet, Doximity, TechCrunch, Piazza, RallyPoint... e incluso las más tradicionales como Facebook o Google+ suponiendo que les quieras dar un uso menos personal. La cuestión es siempre la misma, dos preguntas muy sencillas de hacer y muy difíciles de responder de forma concreta, que tenemos que hacernos antes de empezar: ¿qué quiero conseguir en esta red social? y ¿qué tengo que hacer para conseguirlo?.

Como veremos más adelante, hay determinadas acciones que, no por sencillas de llevar a cabo, hacen que el impacto de nuestro perfil crezca de forma significativa; por ejemplo, que un perfil con foto es visitado catorce veces más que uno sin ella, o que un perfil que participa en grupos es visitado cinco veces más que los que no. Si informas correctamente tu perfil y hacemos un sencillo cálculo matemático teniendo en cuenta estas estadísticas, podrás darte cuenta de que la diferencia ente un perfil con poco más que el puesto actual y uno al 100% es que el perfil completo será visitado ¡cientos de veces más! que el que no lo está. Imagínate las oportunidades que puedes estar perdiendo ahora mismo porque no tienes el perfil como deberías y los reclutadores no te encuentran cuando buscan a quién ofrecer ese puesto de trabajo que tanto ansiabas.

Todas estas claves que te comentamos, trabajadas de forma conjunta, harán que tu perfil cobre una visibilidad y una proyección como nunca antes lo habías creído posible. Si aun así no es suficiente, si a esto le sumamos una dedicación constante y regular al seguir los diferentes pasos y consejos que aquí damos, no podemos decirte que conseguirás lo que te proponías al acercarte a la red profesional número uno del mundo, pero sí que estarás mucho más cerca. Eso seguro.

Alta de un perfil profesional

A lo largo de las próximas páginas, vamos a explicar paso a paso, cómo crear un perfil.

Para acceder a LinkedIn™ escribe en tu navegador la página inicial:

http://www.LinkedIn.com

y completa los datos en los apartados de nombre, apellidos, correo electrónico y contraseña.

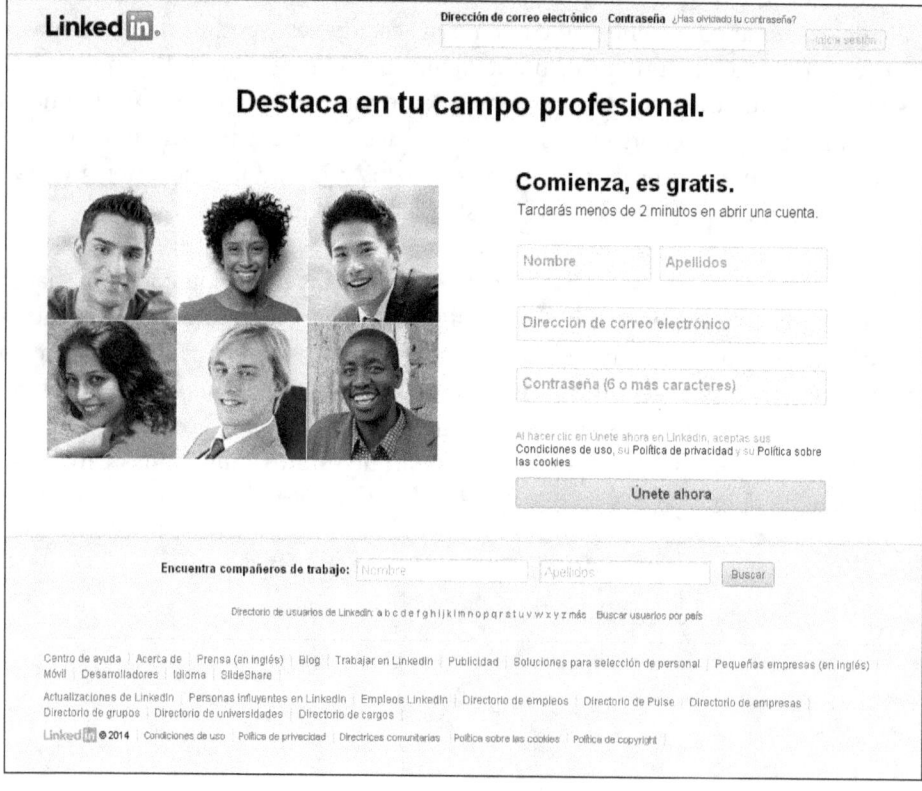

Una vez cumplimentados estos datos obligatorios pulsa <Únete ahora>. Cuando tengas creada la cuenta, la forma de acceso será informando el correo electrónico y contraseña para después pulsar en <inicia sesión>.

El primer paso es crear un perfil profesional con unos datos mínimos:

1. Localización: país y código postal
2. Situación profesional actual: Tengo empleo, Busco empleo o Estudio
3. Datos del cargo y de la empresa donde desempeñas tu actividad, en caso de haber marcado Tengo empleo

Como puedes ver, no es mucha la información que te solicitan para crear un perfil.

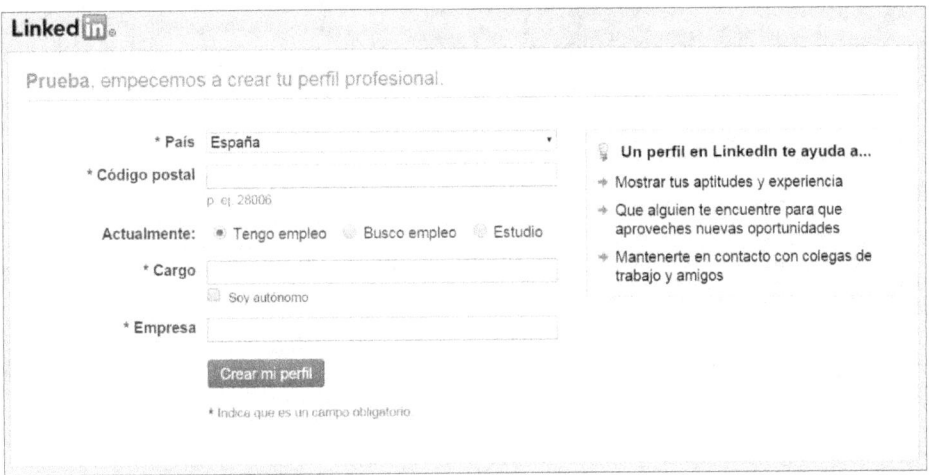

Una vez creado el perfil hay que empezar a alimentar a la red social, pero ¿cómo?. Solo tres pasos: añade contactos, sigue a personas influyentes, añade intereses.

Paso 1: Añade contactos. Puedes realizar una primera carga importando tus contactos guardados en la cuenta de correo electrónico asignada en LinkedIn™. Esto te ayudará a partir con una base de contactos inicial.

Permite añadir contactos importando los datos de direcciones de correos de Gmail, Yahoo, Hotmail, etc. Durante el proceso de importación de contactos se mostrarán primero aquellos contactos que ya tienen LinkedIn™ para que elijas a los que quieres invitar; también puedes enviar invitaciones al resto de direcciones para que se conecten contigo en LinkedIn™.

El proceso tiene los siguientes apartados:

1. Se abre una ventana para que introduzcas tu usuario y contraseña del correo con el que quieres gestionar la invitación de tus contactos.
2. Aparecerá un mensaje para que autorices la cesión de los datos de los contactos de tu gestor de correo a LinkedIn™ para tratar las invitaciones.
3. Se muestra una lista de tus contactos que están en LinkedIn™ para que selecciones aquellos a los que quieres enviar una invitación a conectar. Elige los que quieras y pulsa <Añadir contactos>.
4. Después verás una lista con tus contactos que no están en LinkedIn™ donde podrás seleccionar aquellos a los que quieres enviar una invitación para que se den de alta en LinkedIn™. Elige los que quieras y pulsa en <Añadir a tu red>.

Paso 2: sigue a personas influyentes. Es posible seguir a personajes públicos que escriben y comparten conocimientos o publicaciones y que pueden resultar de tu interés, como Richard Branson, Jack Welch, Bill Gates, Barack Obama o Mike Bloomberg. Suelen escribir artículos sobre sus negocios, noticias de actualidad o sobre ellos mismos. ¿Sabes quiénes son los personajes más influyentes de tu sector? Localízalos y síguelos. Eso te ayudará a estar al día de lo que pasa en tu área del conocimiento o sector y a recibir fácilmente consejos de los mejores.

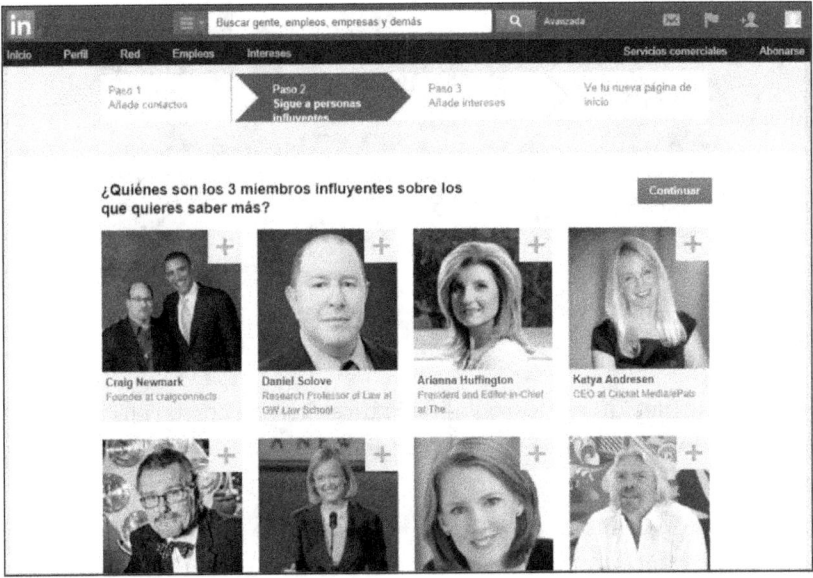

Paso 3: añade intereses. Los grupos a los que te unas por intereses comunes son importantes para contactar con gente, compartir ideas y posicionarte en tu sector. Más adelante comentaremos la importancia de seleccionar bien a los que te unes y de estar en el máximo número que permite LinkedIn™, que son cincuenta y dos grupos.

Usa LinkedIn como si fueras un experto

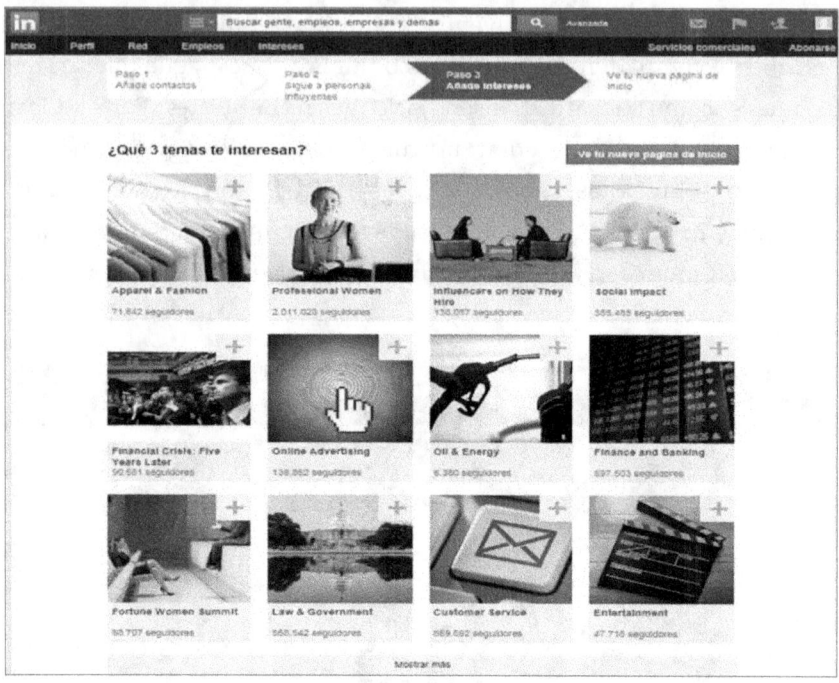

Una vez completado el alta se valida la dirección de correo electrónico y LinkedIn™ te invita a personalizar tu cuenta.

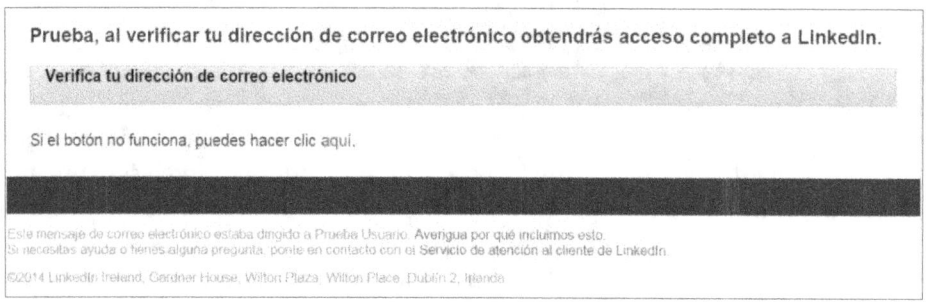

Mensaje validación correo electrónico

Estructura de un perfil

Ya hemos creado un perfil, ahora te toca completar, hay que darle contenido, exponer de la mejor manera posible quien eres tú. El perfil de LinkedIn™ tiene una estructura estándar:

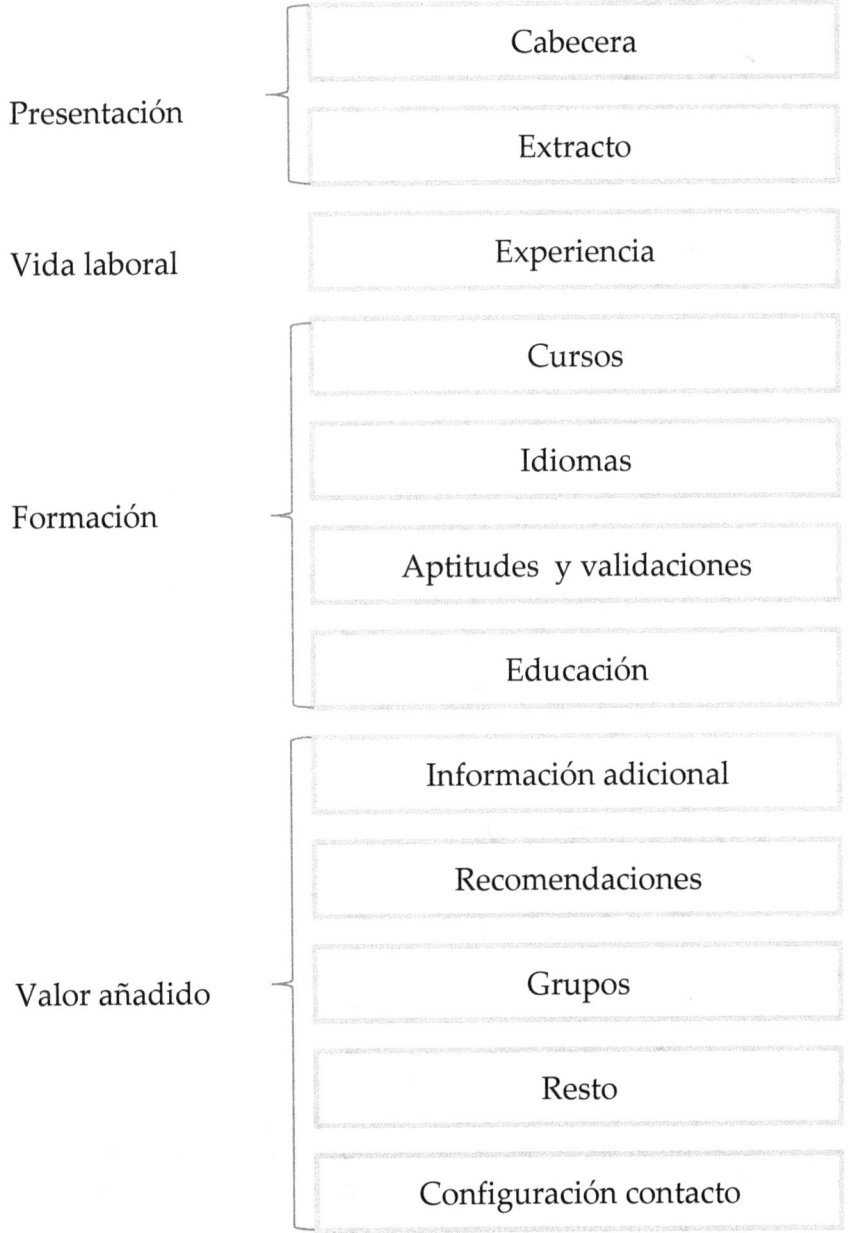

Tu tarjeta de visita

DESCRIPCIÓN

La cabecera es la tarjeta de visita que nos creamos. Recoge nuestro nombre, puesto, zona geográfica y sector. Así como un breve resumen de tu experiencia actual, anterior y tu formación. Desde este punto también puedes exportar tu perfil en formato PDF, reenviarlo vía Facebook o Twitter, e imprimirlo.

CONSEJOS

- No pongas lo que eres, sino lo que quieres ser. Define tu futuro.
- No te compliques en el titular, que se entienda bien lo que quieres expresar.
- Define bien tu sector de actividad. Los perfiles con el sector informado son visitados quince veces más.
- Imprescindible poner una foto (y que sea adecuada). Los perfiles con una imagen descuidada o sin foto son ignorados en su mayoría. Inclúyela, los perfiles con foto se ven catorce veces más.

ERRORES MÁS COMUNES

- Faltas de ortografía obvias: los nombres en español empiezan con mayúscula, hay que poner las tildes, etc.
- Fotos poco apropiadas: en la playa, de fiesta…, poner una foto de una foto de carnet (escanéala mejor) o no poner foto.
- Dirección de correo electrónico que no se ajuste al nombre y apellido.
- No identificar correctamente el sector en el que se trabaja. En la imagen, podemos ver que Javier ha seleccionado Banca, ya que aunque trabaja en el área de Informática de un banco, el rol que desempeña es Banca.

Personaliza la URL

 DESCRIPCIÓN

LinkedIn™ te asigna por defecto una URL que suele incluir una serie de números sin sentido para la gente de a pie. Es posible modificarlo para que sea más usable y reconocible.

Para acceder a esta opción, desde el botón de <Editar Perfil> de la cabecera, selecciona la opción Gestionar la configuración del perfil público.

 CONSEJOS

- Personalízala de forma eficiente: tu nombre y uno o dos apellidos, juntos o separados por un guion bajo debería bastar. Además, puedes incluir esta dirección en tu Curriculum Vitae.

 ERRORES MÁS COMUNES

- Dejar la que asigna LinkedIn™ por defecto.
- Intentar innovar en tu URL personalizada: tu nombre es tu marca, no te líes con cosas supuestamente novedosas que tal vez solo entiendas tú.

Personalización del perfil

Personaliza tu perfil público

Controla cómo apareces cuando la gente te busca en Google, Yahoo!, Bing, etc.

○ Hacer que mi perfil público no esté visible a nadie
● Hacer que mi perfil público esté visible a todos
  ☑ Información básica
  ☑ Fotografía
  ☑ Titular
  ☑ Sitios web
  ☑ Extracto
  ☑ Puestos actuales
    ☑ Detalles
  ☑ Puestos antiguos
    ☑ Detalles
  ☑ Proyectos
  ☑ Educación
    ☑ Detalles
  ☑ Idiomas

DESCRIPCIÓN

El perfil público puede personalizarse. Entre otras opciones, permite ocultar apartados. La edición de perfil permite además ordenar cada apartado a gusto del usuario.

Al igual que para personalizar la URL, para acceder a esta opción, desde el botón de <Editar Perfil> de la cabecera, selecciona la opción Gestionar la configuración del perfil público. Se habilita un Menú lateral con todas las opciones disponibles.

CONSEJOS

- Personalízala de forma que la visibilidad esté conforme a tus objetivos.
- Informa todos los apartados que puedas.

ERRORES MÁS COMUNES

- Dejarlo como viene por defecto, sin adaptarlo a nuestras necesidades y objetivos.

Extracto

 Extracto

Donde hay un reto allí estoy yo.

Jefe de Proyecto con experiencia. Dotes comunicativas y sociales, mentalidad de servicio y orientación al cliente, emprendedor y con habilidades de negociación, gran capacidad de aprendizaje y de trabajo en equipo, proactivo, resolutivo, habilidad para enfrentarse a situaciones difíciles o inesperadas, generador de valor añadido.
Escritor (TOP 1 en AMazon España en la categoría de ebooks de Aventuras) y formador.

Invítame a conectar. jsalazarcalle@yahoo.es

Especialidades: Medios de pago (tarjetas, cajeros, tpvs); Gestión de equipos; Análisis de procesos; Banca; Bolsa; Transferencias y domiciliaciones SEPA; Start-ups; Escritura.

 ### DESCRIPCIÓN

Tal vez sea la parte más importante. En él se da brevemente la información principal.

Tiene que servir para definirte en un vistazo y posicionarte como realmente quieres que te vean.

⚠ CONSEJOS

- Define tanto tus habilidades personales como tus conocimientos funcionales.
- Tiene que atraer, estar bien contado y dejar claro qué es lo que ofreces.
- Pon todas tus especialidades: esas palabras clave que harán que te encuentren.
- Evita las palabras grandilocuentes o huecas del tipo "me considero".

 ### ERRORES MÁS COMUNES

- No rellenarlo.
- Usarlo para resumir la experiencia profesional o contar toda tu formación: esto ya tiene su sección.
- Escasez de información o datos irrelevantes.
- Definirte en tercera persona o como si no te conocieras. ¡Qué hablas de ti!

Experiencia

  Experiencia

Co-fundador y CEO
Squeezing the minds
septiembre de 2012 – actualidad (2 años 3 meses)

Gestión de los diferentes proyectos, equipos y contenidos; supervisión financiera, desarrollo de maquetas; relación con los medios de comunicación; estrategia de Marketing Digital.

- 1 proyecto
- 7 cursos

DESCRIPCIÓN

Relata tu experiencia al detalle, tus empleos, tus funciones, tus logros, las aplicaciones o programas informáticos que utilizabas.

Dentro de cada puesto, aparecerán los cursos que hayas informado en la sección correspondiente y las recomendaciones conseguidas para ese puesto.

CONSEJOS

- Define bien en qué consistía tu trabajo, tus funciones y las herramientas que utilizabas. No olvides poner si gestionabas equipos o si tenías alguna responsabilidad destacable.
- Si tus resultados eran medibles (por ejemplo, incremento de ventas) cuéntalos. A los reclutadores les encantan las cifras.
- Los perfiles con los dos últimos trabajos informados son visitados doce veces más que los que no.

⊖ ERRORES MÁS COMUNES

- Poner solo el nombre de la empresa y el puesto, no detallando funciones desempeñadas y herramientas utilizadas. Si una empresa está buscando a alguien que ha utilizado un programa de contabilidad concreto, ¿cómo te va a encontrar si no lo tienes puesto?

Cursos

Cajamadrid
- Curso Superior de Especialización de Programación en entorno HOST (Cobol, IMS, CICS, DB2)
- MS Office(Word, Excel, Powerpoint)
- Contingencias COR
- Planes de pensiones

 ### DESCRIPCIÓN

Aquí se informan los cursos que has realizado y que no has añadido en la sección de Educación (que es donde se informa la formación reglada universitaria).

Relacionas cada curso con un puesto de trabajo y luego los cursos aparecerán dentro de ese puesto.

 ### CONSEJOS

- Si tienes muchos, pon los más relevantes para el objetivo que te has planteado.
- Para elegirlos no pierdas de vista el objetivo con el que te plantas el perfil.

 ### ERRORES MÁS COMUNES

- No informarlos: si sabes cosas, ¿por qué no contarlo?

Idiomas

 Idiomas

Spanish / español
Competencia bilingüe o nativa

English / inglés
Competencia básica profesional

French / francés
Competencia básica

Chinese / chino mandarín
Competencia básica

 DESCRIPCIÓN

Describe tus conocimientos en idiomas: tanto los idiomas de los que tienes algún conocimiento como el nivel que tienes en cada uno de ellos.

CONSEJOS

- Tú sabes que hablas español, pero ¿lo saben los reclutadores? Si buscan por idioma español y no lo tienes en tu perfil, no sales en sus resultados. No des nada por hecho.

ERRORES MÁS COMUNES

- No informar sobre el idioma natal. Si eres español y no informas de tu idioma y una empresa internacional está buscando un administrativo de logística con dominio del español no saldrás en sus búsquedas.
- No informar del nivel de conocimiento de cada idioma. Porque vale, sabes chino, ¿pero cómo para que te manden a China a negociar una compra de material? Hay que especificar hasta dónde puedes llegar en cada idioma.
- Mentir en el nivel. Este es un error típico. Si de verdad en la empresa que te encuentra necesitan que domines el idioma porque vas a usarlo en el trabajo de forma habitual quedarás retratado el primer día. ¿Sabes lo que es el periodo de prueba? Ese tiempo que por contrato te pueden despedir sin darte explicaciones y les estás dando una razón perfecta.

Aptitudes y validaciones

Aptitudes

Aptitudes principales
- 70 Managing Start-ups
- 81 SEPA
- 63 LinkedIn
- 99 Project Planning
- 38 Digital Marketing
- 36 Strategic Financial...
- 20 Writing
- 52 Web 2.0

Javier también sabe de...
- 86 Sales
- 71 Test Planning
- 63 Direct Debit
- 64 Payment Cards
- 85 Payment Processing
- 62 Test Cases
- 85 English
- 83 Microsoft Office
- 58 Business Process
- 60 International Trade
- 48 Import/Export
- 50 Project Status Reporting
- 50 Stock Market
- 55 Volunteering
- 52 EMV

Ver 25+ >

DESCRIPCIÓN

Describe tus conocimientos, áreas funcionales que conoces, programas que manejas, capacidades de gestión; todo lo que describa lo que eres capaz de hacer y cómo. Son fundamentales ya que son palabras por las que vamos a ser buscados.

CONSEJOS

- Puedes poner hasta 50, rellénalas sin miedo. Favorecerá que te encuentren si buscan por esas palabras clave. Los perfiles con esta sección informada se ven trece veces más que los que no la tienen. En LinkedIn™ hay más de 45.000 habilidades estandarizadas.
- Se puede elegir el orden en que se visualizan. Pon las diez primeras las que más te interesa destacar.
- Consigue que tus contactos te las validen. Ese número que aparece a la izquierda de la habilidad indica cuantas personas han validado que tú dominas dicha habilidad o conocimiento.

ERRORES MÁS COMUNES

- No informar todos los conocimientos que se tienen.
- No pedir a tus contactos que los validen.

Educación

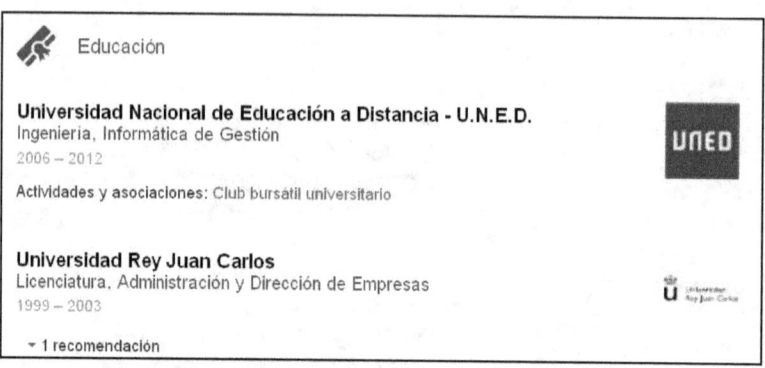

DESCRIPCIÓN

Aquí es donde hay que informar tus estudios, principalmente los reglados universitarios.

CONSEJOS

- Si participaste en alguna actividad o grupo universitario, no olvides informarlo. Eso dará un punto extra de calidad a tu formación.
- Los perfiles con esta sección informada son visitados 10 veces más que aquellos que no la informan.

ERRORES MÁS COMUNES

- Si pones estudios universitarios no hay que poner el colegio, salvo que aporte algo especial como que fuese en el extranjero. Todo el mundo sabe que si eres Licenciado has ido al instituto, no cargues la sección con información innecesaria que desvíe la atención sobre lo realmente significativo.

Información Adicional

> **Información adicional**
>
> • **Intereses**
>   Consultancy, Management, Education, Finance, Banking, Internet, Technology, Project Management, Foreign Trade, Languages, Travelling, Diving, Sailing, Space Exploration
>
> • **Datos personales**
>   Fecha de nacimiento   29 de julio de 1976
>   Estado civil   Casado/a

 DESCRIPCIÓN

En este espacio tienes la oportunidad de agregar otros datos de interés:
- Páginas Web: blogs, perfiles en otras redes de este tipo (no el de Facebook salvo que lo uses para fines profesionales) u otros sitios con publicaciones tuyas.
- Intereses: Puedes poner tanto los laborales como alguno personal que creas que puede hacer más interesante tu perfil.
- Grupos y asociaciones: si estás colegiado, perteneces a alguna asociación comercial, etc.
- Reconocimientos y premios que hayas podido recibir.

 CONSEJOS

- Informa todo aquello que proyecte buena imagen de ti. Nunca sabes cuál es el detalle que hará que alguien se fije en tu perfil y no en otros cientos similares que haya en LinkedIn™.

 ERRORES MÁS COMUNES

- No informar nada: ¿de verdad tu vida es tan aburrida?

Recomendaciones

Marta Gómez-Guadalupe
Analyst FS Accenture

❝ Javier ha sido mi Jefe de Equipo de la implantación de SEPA en BBVA, proyecto en el cual, ha sabido afrontar todas las dificultades e hitos de manera eficiente y en el plazo previsto, obteniendo resultados excelentes. Javier tiene un amplio conocimiento en Medios de Pago, es un activo clave en nuestro departamento. Aun así, siempre ha sabido encontrar algún momento para... más

22 de abril de 2014, Marta ha rendido cuentas a Javier en Accenture España.

Natalia Núñez Laca
Senior Analyst en Axis Corporate

❝ Javier es, sin duda, una de las personas que más conocimientos tiene en las aplicaciones de cobros, pagos y transferencias que han sido adaptadas a los estándar SEPA. Es un gran compañero, no solo por sus conocimientos si no por su buen humor y disponibilidad incondicional para ayudar a los demás.

9 de abril de 2014, Natalia ha trabajado directamente con Javier en Accenture España

 ### DESCRIPCIÓN

Puedes pedir recomendaciones a aquellos compañeros, supervisores o personas a tu cargo que tienen perfil en LinkedIn™. Búscalos y pídeles que te recomienden. Se pueden solicitar desde la página de tu perfil, en el botón <Editar perfil>, a la derecha hay un menú desplegable con la opción <Solicitar recomendación>

Una vez solicitadas puedes ver lo que han escrito antes de aceptar que aparezcan en tu perfil y puedes decidir si quieres compartirlas o no; así que, no tengas miedo a lo que puedan poner.

 ### CONSEJOS

- No mientas. Más recomendaciones es mejor que menos, pero siempre reales y bien hechas.
- Procura que no sean de familiares y amigos, sino de gente con la que hayas trabajado, un cliente, algún superior, un compañero del equipo o gente que pertenecía al mismo.

 ### ERRORES MÁS COMUNES

- No solicitarlas. ¿Es que nadie de tus anteriores trabajos puede decir algo bueno de ti?.

Grupos

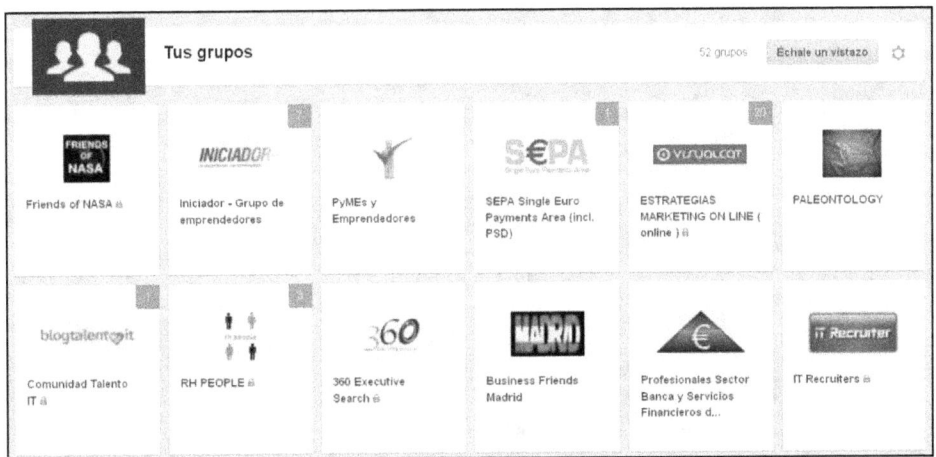

🛈 DESCRIPCIÓN

Los grupos son creados por los propios usuarios, y sirven para unir a gente con intereses comunes. Te permiten ver y participar en los debates más atrayentes dentro de tus propios áreas de interés.

Pertenecer a un grupo, además, te facilita invitar a las personas pertenecientes al mismo y que te inviten, de ahí su importancia.

⚠ CONSEJOS

- Puedes apuntarte hasta en 52 grupos. ¡Apúralos!. Apúntate a grupos de RRHH, grupos de tu sector y, ¿por qué no?, a grupos que tengan que ver con alguno de tus aficiones.
- Antes de apuntarte a un grupo fíjate en el número de miembros, el idioma y el nivel de actividad que tiene para decidir si te interesa.
- Los perfiles con grupos son visitados cinco veces más que los que no los tienen.

⛔ ERRORES MÁS COMUNES

- No apuntarse a ninguno o apuntarse a muy pocos: cuantos más grupos más visibilidad; y no cobran por apuntarte. ¡Anímate!
- No explotar los grupos a los que perteneces aprovechando para invitar a los miembros que te puedan interesar.

Certificaciones

Banking Industry Generalist Certification
Accenture
febrero de 2013 – actualidad

DESCRIPCIÓN

En esta sección se incluyen todas aquellas certificaciones que hayas obtenido. Pueden ser de informática, ocio, idiomas, etc. Por ejemplo, certificaciones de Microsoft, de Cisco, de Oracle, PMP, de Metodologías ágiles, de Google, de buceo PADI o de inglés del British Council.

Desde el punto de vista de las empresas certificadoras, LinkedIn™ les facilita el poder incluir en sus web un botón "Añade al perfil" de modo que actualice directamente el perfil del usuario de forma muy sencilla; ayudando así a dar visibilidad a la empresa. Las tres empresas con más certificaciones en perfiles en noviembre de 2014 eran:

- Microsoft
- Coursera
- Cisco

CONSEJOS

- El más obvio: incluye todas tus certificaciones oficiales.
- Los miembros que informan sus certificaciones tienen 6 veces más visitas que los que no lo hacen. Además, hay empresas que buscan perfiles de personas con alguna certificación concreta. Si la tienes y no la informas es como no tenerla.

ERRORES MÁS COMUNES

- No informar tus certificaciones. Entonces, ¿cómo sabrán que las tienes?

Resto

 ## DESCRIPCIÓN

Engloba las publicaciones, proyectos, voluntariado, reconocimientos, premios u organizaciones a las que perteneces.

 ## CONSEJOS

- El 42% de los reclutadores encuestados por LinkedIn™ ven la experiencia de voluntariado como una experiencia profesional más. Más de tres millones de personas ya lo han incluido en su perfil.
- Si trabajas en la investigación o en la enseñanza las publicaciones son clave en tu perfil.

 ## ERRORES MÁS COMUNES

- No informar nada. ¿Estás seguro?

Configuración de contacto

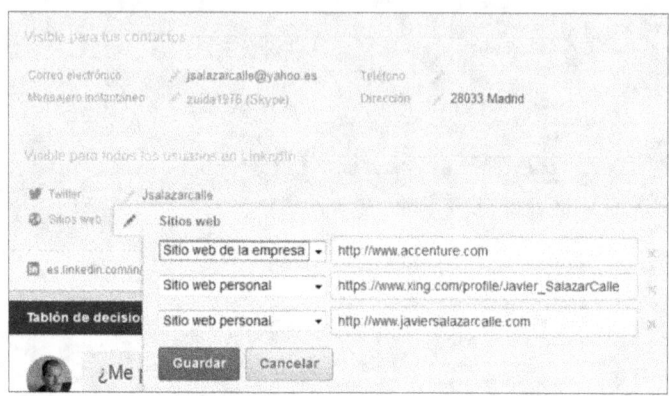

🛈 DESCRIPCIÓN

Aquí es donde se recogen tus datos de contacto. Pon todos aquellos medios por los cuales te interesa que te contacten.

⚠ CONSEJOS

- Puedes poner hasta 3 direcciones de internet y tu Twitter; aprovecha esto para darle más visibilidad a tus otras redes sociales, a tus blogs o a la web de tu empresa.

⛔ ERRORES MÁS COMUNES

- No informar de nada. Entonces, ¿cómo quieres que contacten contigo?

Multi-idioma

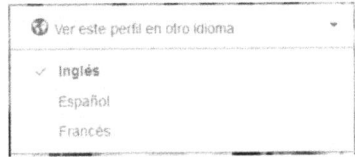

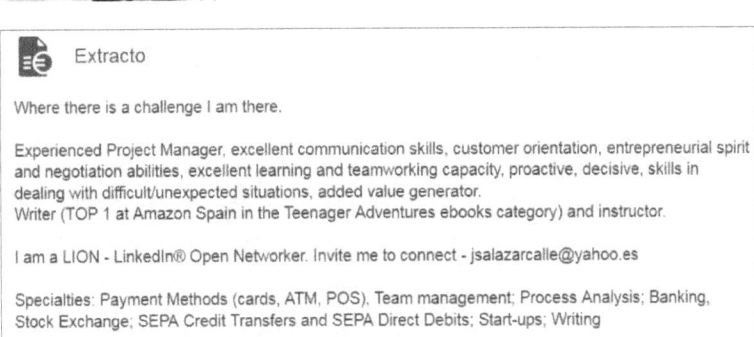

En LinkedIn™ puedes tener tu perfil en varios idiomas. Una vez creado el primero de ellos, el resto resulta más fácil porque reutiliza las fechas y algunos datos del anterior.

⚠ Cada idioma de perfil te da una URL nueva, lo que significa más impacto en las redes y mejor posicionamiento en las búsquedas.

Es fundamental tenerlo en español, que es el idioma en el que más te buscarán en España, pero si quieres proyección internacional o de grandes compañías, el inglés es obligatorio. Cuando alguien mira tu perfil, si tienes el idioma de esa persona le aparecerá automáticamente en su idioma, si no lo tienes le aparecerá en el idioma que tengas configurado como por defecto. Se puede seleccionar para ver el perfil a través del combo que está en la parte superior a la derecha "Ver este perfil en otro idioma". Las empresas de selección tienen más en cuenta que un perfil se encuentre en inglés o en el idioma que se domina que una habilidad valorando tu nivel de conocimiento. Asumen que si tienes el perfil en un idioma dominas ese idioma.

Un error muy frecuente es tener el perfil solo en inglés creyendo que eso te hace parecer mejor. Entonces, si un reclutador busca por palabras claves en español (lo que sucede el 95% de las veces en países de habla hispana), ¿cómo te encontrarán?

LinkedIn Premium

Contratar LinkedIn™ Premium implica una serie de ventajas que podemos ver en la información de su propia web:
https://www.linkedin.com/premium/products?displayProducts=&trk=nav_responsive_sub_nav_upgrade

¿Qué aporta entonces?. En general aumenta las capacidades de nuestra cuenta de LinkedIn™:
1. Mejora de la búsqueda avanzada para encontrar lo que realmente queremos ver (con más opciones de segmentación de datos).
2. Poder visualizar la lista completa de quiénes han visitado tu perfil.
3. Posibilidad de mandar correos InMail; lo que nos permite contactar directamente con usuarios sin necesidad de estar conectados con ellos.
4. Pertenencia a la red OpenLink, que le permite a los usuarios contactarte sin tener que pagar InMail.

Alrededor del 19% de los usuarios a nivel mundial tienen LinkedIn™ Premium.

Claves de un perfil reclutador

Introducción a LinkedIn para reclutadores

Si eres un reclutador te mereces una sección exclusiva. No solo porque en LinkedIn™ para reclutadores las opciones no sean las mismas que en LinkedIn™ para profesionales o porque tu profesión tiene cabida en sí misma en esta red social, sino porque son las personas como tú las que han hecho posible que LinkedIn™ llegue a donde está ahora y siga creciendo como lo hace. El principal interés de LinkedIn™ y lo que busca la gran masa de usuarios son las ofertas de trabajo o, mejor aún, la visibilidad que tienen sus perfiles de cara a los departamentos de Recursos Humanos de las empresas o a las consultoras de Recursos Humanos; permitiendo que, incluso de forma pasiva, simplemente teniendo un buen perfil, sean contactados por gente como tú, que les puede ofrecer ese paso que estaban ansiando, aunque no lo supiesen, en su carrera profesional.

Es verdad que ahora LinkedIn™ tiene muchos más usos, pero el principal y el que le ha lanzado al estrellato gira en torno a la oferta y demanda de puestos de trabajo. Como reclutador, tienes la posibilidad de encontrar las personas con el perfil lo más ajustado posible a lo que el cliente o tu empresa te exige, es lo que le hace realmente atractivo.

Por todo ello vamos a analizar con cuidado las opciones especiales que ofrece esta poderosa herramienta para tu profesión. Ten en cuenta para tu propio perfil todos los consejos que hemos dado en la sección para profesionales, porque tu perfil es la imagen de la empresa a la que representas en el proceso de búsqueda y porque, ¿quién sabe?, podrías recibir una llamada de la competencia que podría cambiar tu vida…

Comparativa Facebook, Google+, Twitter y LinkedIn

En el siguiente gráfico puedes ver en un rápido vistazo las diferencias que hay entre las principales redes sociales que hay actualmente desde el punto de vista de la búsqueda de empleo:

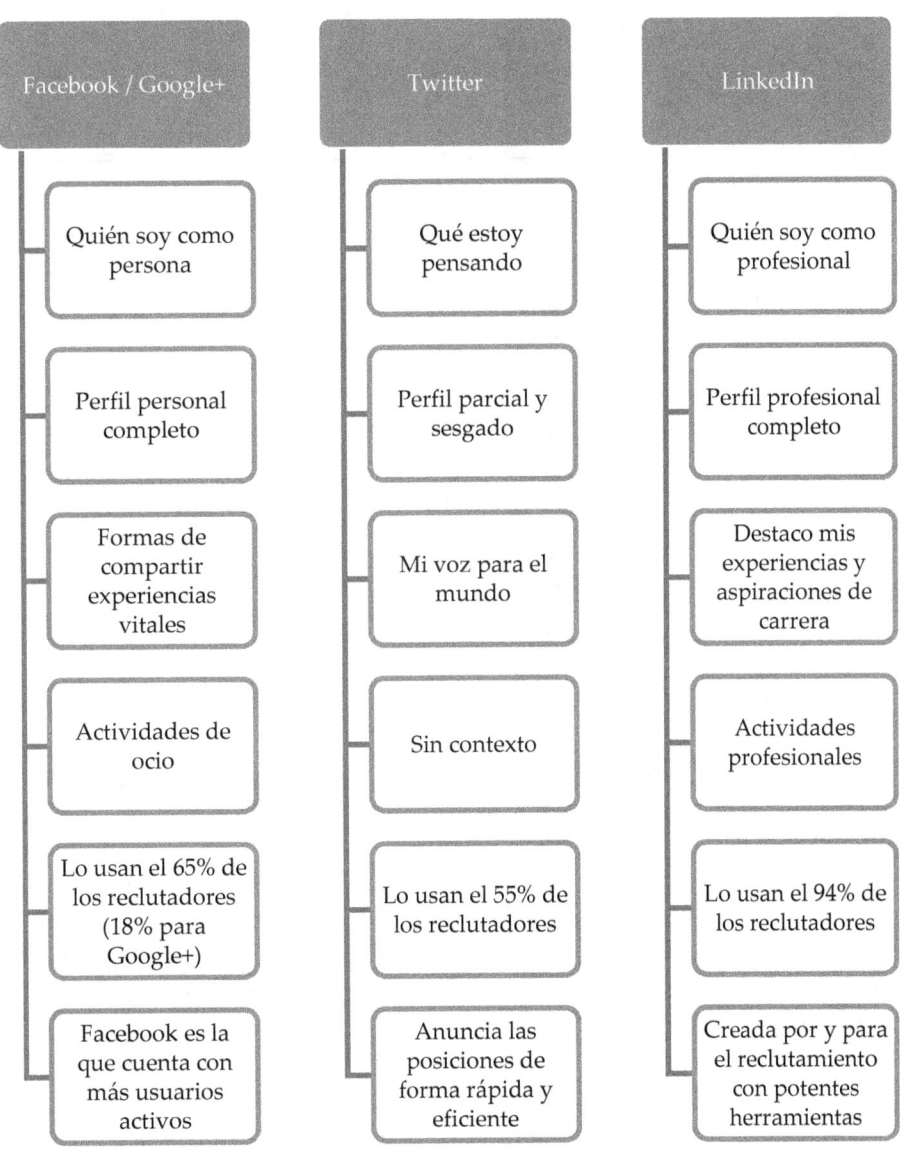

Facebook / Google+	Twitter	LinkedIn
Quién soy como persona	Qué estoy pensando	Quién soy como profesional
Perfil personal completo	Perfil parcial y sesgado	Perfil profesional completo
Formas de compartir experiencias vitales	Mi voz para el mundo	Destaco mis experiencias y aspiraciones de carrera
Actividades de ocio	Sin contexto	Actividades profesionales
Lo usan el 65% de los reclutadores (18% para Google+)	Lo usan el 55% de los reclutadores	Lo usan el 94% de los reclutadores
Facebook es la que cuenta con más usuarios activos	Anuncia las posiciones de forma rápida y eficiente	Creada por y para el reclutamiento con potentes herramientas

En el informe Adecco " Búsqueda de empleo y reputación digital en la era 3.0" (http://www.adecco.es/_data/NotasPrensa/pdf/607.pdf) de octubre de 2014 se ve claramente qué redes sociales son las más usadas en general, y cuáles las más usadas para la búsqueda de empleo en España. La diferencia de uso entre LinkedIn™ con un 64% y la siguiente Twitter con 19,5%, es abismal. Seguido por Facebook con un 17,1% y la búsqueda en blogs con un 6,5%.

Otras redes sociales profesionales que son competencia de LinkedIn™ se usan muy poco en España; como son el caso de Xing con un 5,7% o de Viadeo con un escaso 2,3%.

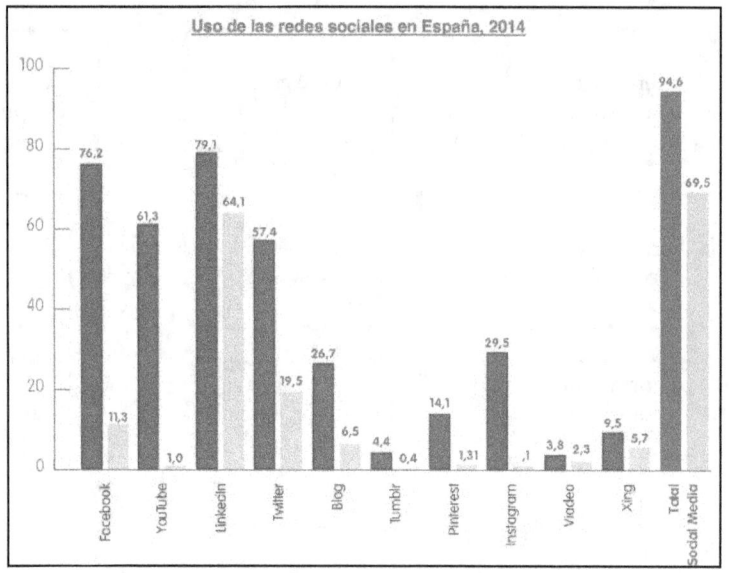

En el informe también comentan que el uso de LinkedIn™ por parte de los españoles para la búsqueda de empleo es el doble que la media mundial (que es del 35,4%) y que solo hacemos uso de LinkedIn™ para fines profesionales, siendo solo un 19% de españoles los que lo usan con otros propósitos.

Esto lo que nos hace pensar es que en otros países han encontrado otras redes y otros métodos para temas profesionales que no son exclusivamente LinkedIn™.

Los datos a nivel internacional son los siguientes:

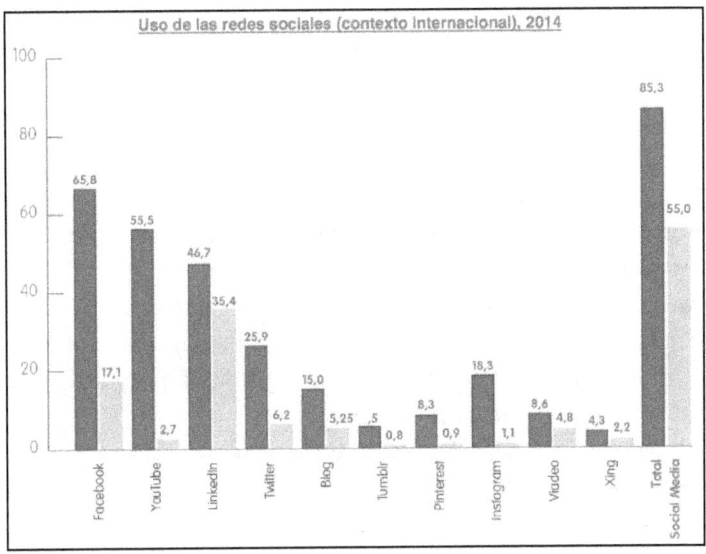

Aquí se puede observar que en otros países el uso de redes como Facebook para fines profesionales está mucho más extendido y, en cambio, el uso de LinkedIn™ es menor.

¿Qué aporta LinkedIn?

Como reclutador, LinkedIn™ te permite:

- Buscar a los profesionales entre los más de 400 millones de miembros, trabajando donde tus clientes trabajen, en todo el mundo.
- Las búsquedas en LinkedIn™ son una forma de desarrollar negocio, proponiendo candidatos o perfiles a las empresas.
- Simplificar los procesos, teniendo en un solo punto la información de la carrera profesional, intereses y recomendaciones de los candidatos.
- Crear una imagen de marca como empresa de reclutamiento o como empresa final, permitiendo a tus candidatos potenciales contactar con vosotros e informarse previamente.
- Atraer el talento construyendo una red sólida de contactos.
- ⚠ Reducir los costes del reclutamiento, tanto los directos como los indirectos.
- Ayudar a cambiar la percepción de los empleadores con el uso adecuado de las herramientas de *social media*.
- Incrementar la productividad de los reclutadores.
- Conseguir visibilidad de la actividad del equipo de reclutamiento.
- Reducir los tiempos en los procesos de selección.
- Es la red con mayor media de visitas por oferta de trabajo publicada (alrededor de 500).
- El 93% de las medianas y grandes empresas de Estados Unidos utilizan el *social media* para reclutar candidatos. En España esa cifra ya ha superado el 50%. Piensa en cualquiera que conozcas y casi seguro está utilizando LinkedIn™.
- El 49% de los reclutadores creen que la calidad de los solicitantes es alta. El 43% piensa que la cantidad también es alta.
- El 75% de los reclutadores pensaban invertir más en reclutamiento vía *social media* en 2014.
- Ejemplos de empresas que usan LinkedIn™ para reclutar talento:

Adidas	**Coca Cola**	**ING**
Intel	**L'Oreal**	**Maersk**
Pesico	**RBS**	**Serco**
Sony	**Unilever**	**Walmart**

¿Cómo construir un perfil que reclute?

Como reclutador eres el embajador de tu empresa y deberías:

- Tener un perfil completo que transmita seguridad y confianza.
- Especificar en el extracto el tipo de perfil medio que buscas si estás especializado en alguno (directivos medios, comerciales, sector energía…) A ser posible ponerlo también en el titular de tu puesto de trabajo, a la derecha de la foto.
- Si trabajas para una compañía puedes compartir noticias suyas.
- Anunciar las posiciones que estás buscando en tu perfil, en el perfil de la empresa y en los grupos en los que pueda encajar (muchos grupos tienen sección específica de empleo); de forma que maximices la visibilidad de la misma.
- Una red pequeña es una red inefectiva, hazla crecer.
- Tienes que pertenecer a los grupos adecuados de las áreas en las que reclutas. Si es necesario, crea tu propio grupo. Publica en ellos las ofertas adecuadas y conseguirás el impacto deseado.
- Ten en cuenta las seis claves imprescindibles para el reclutamiento:

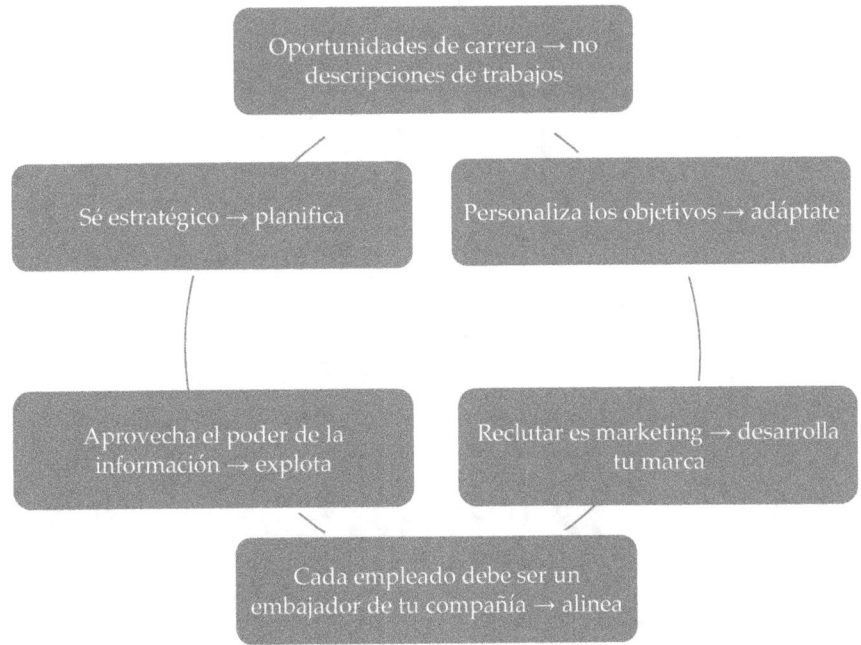

¿Qué deberías utilizar en LinkedIn?

Las opciones que ofrece LinkedIn™ y que un reclutador como tú debería utilizar son:

 Buscar candidatos de forma activa utilizando los diferentes filtros que ofrece LinkedIn™. Además, puedes guardar tanto las búsquedas que haces, como los resultados y los filtros aplicados; de forma que puedas volver a lanzarlas ágilmente en la siguiente vez. Puedes buscar por:

- Etiquetas
- Actividad realizada
- Visionados del perfil
- Curriculum Vitae
- Proyectos
- Notas
- Mensajes

Usa LinkedIn como si fueras un experto

- Con los resultados de la búsqueda puedes seleccionar todos los perfiles o varios de ellos y, a la vez:

    - Enviarles un mensaje
    - Añadirles notas
    - Añadirlos a proyectos
    - Salvar la búsqueda: LinkedIn™ te avisará si alguien nuevo entra en los parámetros de la misma.
    - Imprimir los perfiles

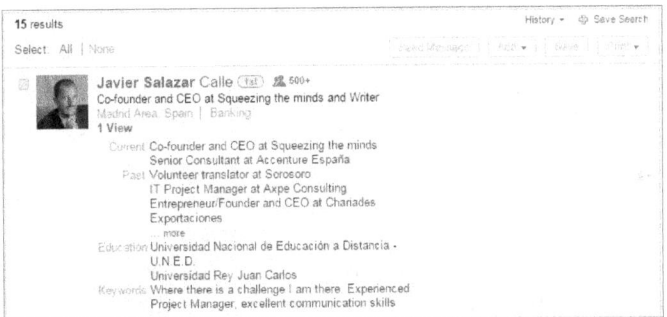

- Una vez que seleccionas un perfil y entras a verlo puedes:

    - Activar la opción para que te avise si ese perfil tiene alguna actualización.
    - Añadirlo al clipboard.

- Añadirlo a un proyecto.
- Enviarle un mensaje.
- Compartir el perfil.

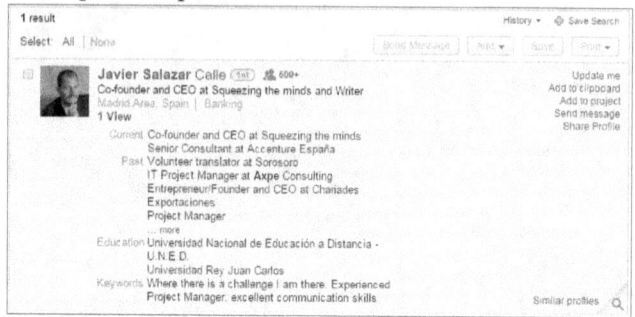

- Organizar perfiles y guardarlos en carpetas individuales o del equipo. Usa los Proyectos para las diferentes posiciones que tengas abiertas. Entre otras cosas podrás mandar el mismo InMail a varios de ellos simplemente seleccionándolos dentro del Proyecto. No hagas tú el esfuerzo, deja que LinkedIn™ lo haga por ti.

- La más obvia: publicar ofertas tanto en tu perfil como en el perfil de la empresa o en grupos.

- Gestionar los perfiles de los candidatos. Hay que distinguir entre candidatos:

    - Activos: buscan activamente trabajo. Con este tipo de candidatos es más fácil de tratar, suelen ser ellos los que te contacten respondiendo a alguna oferta concreta o de forma espontánea y dejan claro desde el primer momento que buscan trabajo, ya sea porque no tienen o porque desean un cambio.

    - Pasivos: no buscan y son el 80% del total. Pero… ¿a quién le amarga una perita en dulce? Igual que parte del trabajo de un experto en marketing es hacerle descubrir a los potenciales clientes las necesidades que no sabían que tenían, el tuyo también es hacerles descubrir a los potenciales candidatos las oportunidades que no buscaban pero que les suponen retos que realmente quieren abordar.

- Búsqueda rápida de perfiles y utilización del sistema para mostrar perfiles similares a uno ya encontrado (se visualiza de manera automática al acceder a alguno de los perfiles encontrados). Utiliza las Búsquedas activas con los filtros, palabras claves y criterios predeterminados para que te avisen cuando haya nuevos candidatos que cumplan los requisitos planteados. Un uso adecuado de estas herramientas te hará ahorrar mucho tiempo.

⚠ Mandar InMail para contactar con los perfiles interesantes. La tasa de respuesta en 2014 era del 31%. Ten en cuenta:

- Revisa bien el perfil antes de nada.
- No intentes vender, porque tal vez esa persona no quiera cambiar y directamente rechace el correo. Tu candidato ideal podría ser una referencia de la persona a la que dirijas el correo inicial.
- Expón claramente y de forma breve lo que buscas. Nada de copiar la descripción del trabajo.
- Muéstrate entusiasta y habla de los objetivos de carrera del candidato, hazle sentir especial, atrae su atención.
- Ofrécele disponibilidad para contactar a su conveniencia.
- Guarda una plantilla de tus modelos de correo exitosos para reutilizarla en el futuro y ahorrar tiempo.
- Recuerda que el receptor de los InMail puede puntuar al emisor (feedback score), no te interesan bajas puntuaciones.

- Colaborar con el equipo de Recursos Humanos de la empresa. Un usuario con perfil de reclutador puede asociarse un número limitado de usuarios que no pueden operar con el perfil pero con los que sí puede compartir los resultados de las búsquedas que realice.

- LinkedIn™ permite con su versión de reclutador:
    - Recordar la selección de filtros en las búsquedas.
    - Ver resultados en tiempo real según vas poniendo los filtros.
    - Filtros más refinados.
    - Enviar mensajes a grupos.

- En la opción de Informes puedes:
    - Ver las estadísticas de uso de tu perfil.
    - Ver diferentes opciones de analítica sobre el mismo.

¿Dónde publicar una oferta?

Hay tres formas principales de publicar una oferta en LinkedIn™:

- Publicar ofertas en Grupos de LinkedIn™
    - Hay más de 2 millones de grupos, alguno será el ideal para tu oferta, ¿no? Si aun así no existe uno que segmente como necesitas tienes que plantearte crear tu propio grupo.
    - Pon en cada grupo las ofertas que se ajusten al mismo y donde están establecidas que se pongan. Así evitarás problemas con sus administradores.

- Publicar en tu página de empresa
    - La página de empresa tiene que ser interesante y estar actualizada con contenido de calidad.
    - La oferta tiene que ser atractiva y dejar claro qué se busca y qué se ofrece.

- Publicar en tu perfil
    - Para que esta opción sea eficaz tienes que tener una red de contactos suficiente y adecuada para que les llegue la oferta.
    - Mantener una red organizada y con un movimiento constante es clave.

Además, todas estas opciones son compatibles con usar software de reclutamiento que, entre otras cosas, te permiten publicar tus ofertas automáticamente desde el propio software.

Ten en cuenta que el perfil medio en España de los usuarios de LinkedIn™ es:

- Hombre
- Entre 35 y 44 años
- Residente en Madrid y Barcelona
- Con estudios universitarios superiores
- Con más de 10 años de experiencia

Esto no significa que no haya otros perfiles, al revés, las opciones son muy variadas.

Consejos

La mayoría de los profesionales son candidatos pasivos, no están activamente buscando empleo, pero si son llamados están abiertos a una buena oportunidad. Los candidatos pasivos no van a visitar ofertas de trabajo o sitios donde se publiquen oportunidades, pero la mayoría te atenderá si les contactas.

A continuación, cinco pasos para conseguir ser un Profesional en LinkedIn™:

1. Sé inteligente en la fuente de los talentos.
2. Dominio de las técnicas de búsqueda.
3. Contacta a los candidatos directamente con InMail.
4. Gestiona a los "posibles" a través de un Pipeline de Talentos.
5. Mide tu éxito:

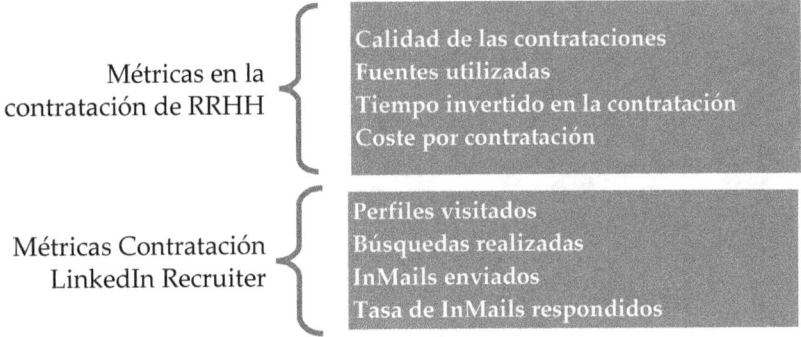

En una primera búsqueda, intenta afinar en cuanto al perfil que se está buscando. Una vez se muestren los resultados, en el menú de la izquierda ve aplicando los filtros hasta reducir los resultados de la búsqueda (entre otras cosas puedes incluir si ha pertenecido o pertenece a una compañía en concreto). La búsqueda realizada se puede guardar, y si algún perfil actualiza y entra en los resultados de esa búsqueda, se te informará.

LinkedIn™ aporta indicadores como el porcentaje de aproximación de un perfil a la búsqueda realizada, aunque no son excesivamente precisos. Nadie mejor que tú puede acotar la búsqueda de lo que deseas.

Es importante que la empresa tenga buena imagen también. La web de tu compañía debería reflejar la marca y proporcionar una experiencia a quien acceda a visitarla. Procura:

1. Enriquecerla con vídeos y contenidos de media.
2. Crecer en seguidores. El botón Seguir adecuadamente situado ayudó a Unilever a pasar de 40.000 a 235.000 en apenas unos meses. Imagina el impacto que tiene ahora cada publicación que hace en su página de empresa de LinkedIn™.
3. Involucra a tus seguidores con tus actualizaciones, intenta que interactúen.
4. Amplía tu alcance con el patrocinio de contenidos.

Tu red de contactos va a influir en la visibilidad de las ofertas que puedas subir, pocos contactos en una zona en concreto hará que recibas pocas visitas de esa zona geográfica. Necesitas una red bien diversificada en las áreas o zonas geográficas donde buscas talento y ofertas puestos de trabajo.

Por último, vamos a ver nueve problemas muy comunes que te puedes encontrar como reclutador, y qué soluciones te proporciona LinkedIn™:

Problema	Solución de LinkedIn
No tienes presupuesto para invertir en reclutamiento a través de las redes sociales	Usa las herramientas gratuitas que ofrece LinkedIn como son las páginas de empresa, las actualizaciones y los grupos
Los responsables que te solicitan contrataciones a veces realizan peticiones irreales	Haz búsquedas de alto nivel para gestionar las expectativas
Tienes un puesto crítico que necesitas cubrir rápidamente	Patrocina tu oferta para darle mayor visibilidad
Quieres extender el alcance de un mensaje clave	Patrocina tus mejores contenidos para llegar a los que no siguen a la compañía
Mantienes notas de los candidatos manualmente y en diferentes sistemas	Usa el Talent Pipeline para agregar, seguir y contactar con posibles candidatos
LinkedIn Recruiter realiza búsquedas con muchos o pocos resultados	Experimenta con diferentes técnicas booleanas para ampliar o estrechar los resultados
La tasa de respuesta de InMails es demasiado baja	Cumple con las reglas de oro de los InMails
Necesitas un postgraduado u otra especialidad en particular	Utiliza las herramientas para estudiantes y las páginas de Universidades
No estás seguro de que los esfuerzos en LinkedIn estén teniendo impacto	Establece objetivos y mide el impacto con la analítica de perfiles y páginas de empresa, métricas para el reclutador, analíticas de solicitudes y la gestión del talento

Usa LinkedIn como si fueras un experto

LinkedIn Premium

Contratar LinkedIn™ Premium de reclutador implica una serie de ventajas que publican en su propia web:

Compara los planes	Gratis Tu plan actual	Talent Basic	Recruiter Lite	Recruiter Corporate
Precio: anual | mensual *Ahorra hasta un 25%*		**34,99 EUR**/mes 43,04 EUR/mes incl. IVA Facturación anual	**74,95 EUR**/mes 92,19 EUR/mes incl. IVA Facturación anual	**549,95 EUR**/mes 676,44 EUR/mes incl. IVA Facturación anual
		Empieza ahora	Empieza ahora	Empieza ahora
Encuentra y contacta con el mejor talento				
Quién ha visto tu perfil Obtén la lista y ve cómo te encontraron.	Limitado	✓	✓	✓
Visibilidad de toda la red Ve los nombres y perfiles completos de cualquier persona en tu red.			✓	✓
Mensajes InMail Envía mensajes directos a cualquier usuario en LinkedIn. Respuesta garantizada.[1]		10 al mes	25 al mes	50 al mes
Búsqueda premium Obtén más resultados, filtros avanzados y alertas de búsqueda.		✓	✓	✓
Selecciona personal como un profesional				
Diseño específico para selección de personal Obtén búsquedas y perfiles optimizados para selección de personal.			✓	✓
Gestión de la lista de candidatos Lleva un seguimiento de las notas, los mensajes y el historial de actividad de cada candidato.			✓	✓
Acceso móvil Obtén acceso exclusivo a la aplicación de Recruiter para iPhone y al sitio web móvil.			✓	✓
Red de la empresa Aprovecha la red de tu empresa con Opiniones desde dentro y búsqueda de seguidores de la empresa.				✓
Flujo de trabajo personalizado Utiliza campos, etiquetas y estados personalizados a la medida de tu proceso.				✓
Visibilidad fuera de la red Ver los perfiles completos de los más de 300 millones de usuarios de LinkedIn.				**Todos los** 300 millones de miembros de LinkedIn

Claves de un perfil de empresa

Introducción a LinkedIn para empresas

Si tienes o representas a una empresa ésta es tu sección. Pocas empresas tienen la suerte de que se conozca tanto su producto estrella que el conocimiento de la compañía sea innecesario. Incluso estas empresas afortunadas hacen un esfuerzo constante por mantener su reputación en lo más alto. Para la mayoría de ellas un buen posicionamiento en la mente de los clientes es no solo importante, sino imprescindible, crucial.

⚠ Hemos pasado del clásico posicionamiento basado en una web de empresa estática a unas modalidades de web más dinámicas e interactivas y, por fin, un modelo de posicionamiento basado en una interacción directa con clientes y usuarios coordinando para ello todas las herramientas que nos ofrece la web 3.0, explotando la inteligencia artificial, la web semántica y las bases de datos.

Todo esto supone un análisis exhaustivo de las diferentes opciones que se abren para una compañía en el ámbito de las redes sociales, un estudio cuidadoso de en qué redes se tiene que estar según el propósito que se quiera obtener de la presencia de la empresa en las mismas y una explotación adecuada de dichas redes aprovechando al máximo las peculiaridades de cada una de ellas para conseguir los objetivos marcados.

Sea cual sea la estrategia que decidas, LinkedIn™ tiene que formar parte de ella. ¿Por qué?: por su crecimiento tanto de usuarios como de empresas, por la multitud de opciones que ofrece para interactuar con clientes, candidatos potenciales y otras empresas, o simplemente porque está de moda. Hay estudios de Hubspot que demuestran que LinkedIn™ es un 277% más efectivo que Facebook o Twitter generando oportunidades de venta y que el 53% de las empresas business to business (B2B) ha obtenido uno o más clientes a través de LinkedIn™ (un 22% en el caso de las empresas business to customer B2C).

Otro punto interesante es si a una empresa le interesa que sus empleados utilicen LinkedIn™. Algunas son recelosas porque piensan que es una forma de buscar otro empleo y cambiar de compañía. Y lo es. Pero también lo es el correo electrónico para concertar entrevistas y no por ello les dejas sin él. Nosotros creemos que sí merece la pena, y mucho, por dos razones:

- La imagen de los trabajadores es la primera opinión que alguien se hace de la empresa que hay detrás y quieres que esta sea buena, ¿verdad?

Que tus empleados tengan unos perfiles completos y de apariencia muy profesional es una buena venta de tu marca. Tienes que ver a cada empleado como un escaparate de tu compañía. Esto también es aplicable fuera de LinkedIn™.

- El propio LinkedIn™ ha hecho un estudio que demuestra que cuando un miembro comparte seis contenidos, en promedio, recibe seis visitas del perfil y hace dos nuevas conexiones, lo que le ayuda a fortalecer su marca profesional. Al mismo tiempo, la empresa para la que trabajan recibe seis visitas de trabajo, tres visitas a las páginas de empresas y un seguidor de la misma, que les ayuda a contratar mejor, tener visibilidad en el mercado y vender más. A pesar de ello, su investigación muestra que sólo el 2% de los empleados comparte el contenido que su compañía ha compartido en LinkedIn™. Hay que conseguir comprometer a los trabajadores también en las redes sociales.

A continuación te presentamos algunos consejos que, creemos, pueden ayudar a crear y potenciar esa faceta del perfil de tu empresa en LinkedIn™. Síguelos, utilízalos adaptándolos a tus necesidades y explota el mundo de posibilidades que se abre para establecer contacto con clientes, proveedores, competencia y medios de comunicación.

Y recuerda, una imagen vale más que mil palabras. Cuida tu marca.

Por qué un perfil de empresa

¿Por qué un perfil de empresa? La respuesta es sencilla. Es una forma de darte a conocer que está al alcance de todos y que te permite interactuar con tus clientes de forma sencilla y no invasiva, a través de, por ejemplo, recomendaciones sobre tus publicaciones. Si nos regimos por las cifras a finales de 2014, más de 3 millones de compañías tenían un perfil en LinkedIn™. Algo verán en esta red.

Pero más allá de los números, aquí van algunos principios de Marketing en Internet que también se aplican al Marketing en LinkedIn™:

- Pensar estratégicamente y seguir un proceso.
- Poder medir el progreso con la analítica web.
- Conocer a tu público objetivo. La máxima es conocida: "la información es poder"; pero, ¿la cumples?
- Estimular a tu público objetivo con los mensajes correctos.
- El poder de los empleados para contribuir a la labor de mercadeo y ventas. La personalidad de cada empleado atrae a un público diferente, explotar adecuadamente esto es un activo adicional en tu empresa.

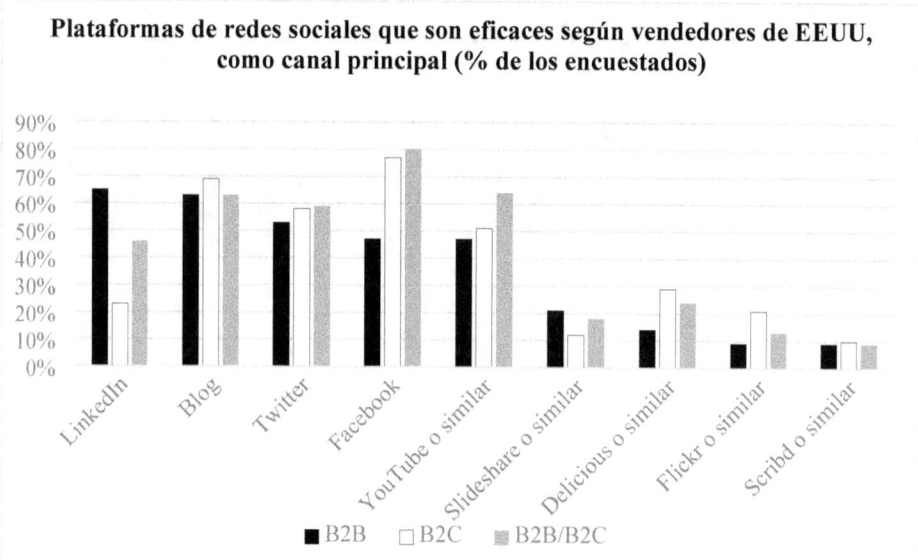

Fuente: Pearson Education - Que - LinkedIn For Business - How Advertisers, Marketers, And Salespeople Get Leads, Sales, And Profit From LinkedIn (2013)

Sigamos indagando en más motivos por los que crear un perfil para tu empresa. Vamos a enumerar algunas de ellas:

- Volumen de la audiencia: por el alto número de personas que puedes contactar, ya sea por conexiones, miembros del grupo o seguidores de la compañía. En este caso LinkedIn™ aporta más de 400 millones de usuarios.
- Tráfico en la web o blog: gran número de visitantes y tiempo en el sitio. Además, en el caso de LinkedIn™ también es fundamental la calidad del tiempo en la red.
- Compromiso: entendido como el número de Likes o de Comentarios en el muro. Hay grupos profesionales de LinkedIn™ con docenas de miles de seguidores y cientos de post y comentarios semanales.
- Efecto viral: número de *post* que han sido compartidos.
- Para mejorar su posicionamiento: una página LinkedIn™ de empresa se posiciona muy bien en los motores de búsqueda, mejorando la posición en la que aparece en los buscadores.
- Para promover conocimientos y experiencias en un sector de actividad a la comunidad LinkedIn™. Si lo que buscas no existe, lo creas y eres el líder del área.
- Para promover servicios, productos y eventos.
- Para crear conexiones, generar leads y reclutar a clientes potenciales.
- Para publicar ofertas de empleo y ampliar su reclutamiento. Aquí, LinkedIn™ es la red social número uno a nivel mundial.
- Para crear una red de los empleados y ex empleados de una empresa. Lo que no solo proyecta una imagen al exterior, sino que genera un sentimiento de pertenencia entre los trabajadores.

Detengámonos un momento en el punto del Compromiso. Angela Ahrendts, la Vicepresidenta senior de venta al por menor de Apple, dijo: " Todo el mundo habla de construir una buena relación con el consumidor final. Creo que debemos construir una con nuestros empleados primero".

Muchas empresas utilizan su perfil de LinkedIn™ para actuar con sus empleados y aumentar su compromiso con la misma. Según una encuesta de Gallup de 2013 el 13% de los trabajadores están comprometidos con la empresa y el 63% no. Hay distintos estudios que demuestran la relación directa entre las empresas que invierten en los empleados y su relación con ellos, y los beneficios que eso les genera: rentabilidad, lealtad y apoyo.

Basado en estas premisas LinkedIn™, asociado con Brian Solis, responsable de Altimeter Group, realizó un estudio sobre las 25 empresas más comprometidas utilizando herramientas de *Social media*. Los resultados dicen que las empresas más comprometidas son:

Fuente: http://www.slideshare.net/linkedin/top-25-most-socially-engaged-companies/1

Siguiendo con el estudio se vio que los empleados comprometidos con sus empresas son:

- Un 27% más optimistas sobre el futuro de la empresa.
- Se sienten un 20% más inspirados.
- Tienen un índice de permanencia en la compañía un 20% mayor.
- Se sienten un 15% más proclives a tratar con sus compañeros más allá del trabajo en sí.

¿No querrías estos beneficios para tu compañía? Por si esto no te parece suficiente razón, hay también datos sobre estas empresas más comprometidas a través de las herramientas de *social media*:

- Se perciben como un 40% más competitivas. El *social media* estimula la competitividad.
- Tienen un 57% más de posibilidades de incrementar sus ventas.
- Tienen un 58% más de posibilidades de atraer el talento.

La conclusión de todo esto es que invertir en tener unas buenas relaciones con los empleados y en *social media* tiene una repercusión directa en los beneficios de la empresa.

Importante: no olvides que la confianza entre el empresario y los trabajadores lo es todo. La transparencia es la política que da mejores y más réditos a medio y largo plazo. Ganarse la confianza del personal de tu empresa puede llevar mucho tiempo, pero perderla es muy fácil y un proceso que, mal gestionado, puede ser rapidísimo.

Por todo ello, una buena política de compromiso con los empleados debe incluir las redes sociales y, la número 1 es LinkedIn™; que ofrece muchas vías de estrechar esa relación.

Alta de un perfil de empresa

A continuación vamos a describir los pasos a seguir para crear un perfil completo de empresa.

El primer paso para abrir el perfil de empresa es seleccionar desde la página principal de tu perfil personal la opción <Intereses>, en el menú que se despliega elige la opción <Empresas>. En la parte superior derecha podrás ver las empresas que ya tienes creadas y la opción <Crear una página de empresa>.

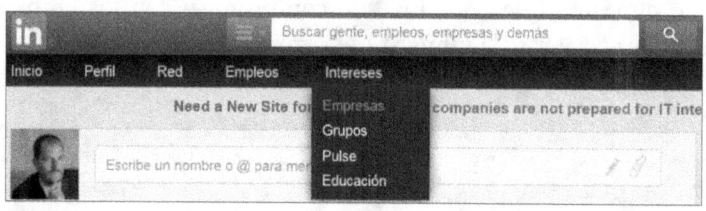

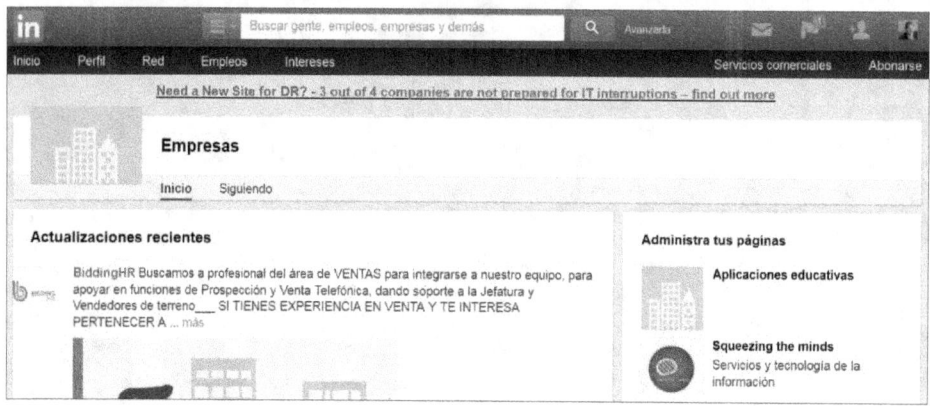

Tienes que informar del nombre de la empresa y la dirección de correo electrónico que vas a asociar a la cuenta.

¡Ojo! El correo electrónico tiene que ser uno de empresa, no se permiten correos genéricos tipo Yahoo, Gmail o Outlook. Una vez completada esta información, pulsa en <Continuar>. Recibirás un correo para verificar la dirección de correo electrónico de la empresa que proporcionaste. Sigue las instrucciones en el mensaje para confirmar tu dirección de correo electrónico.

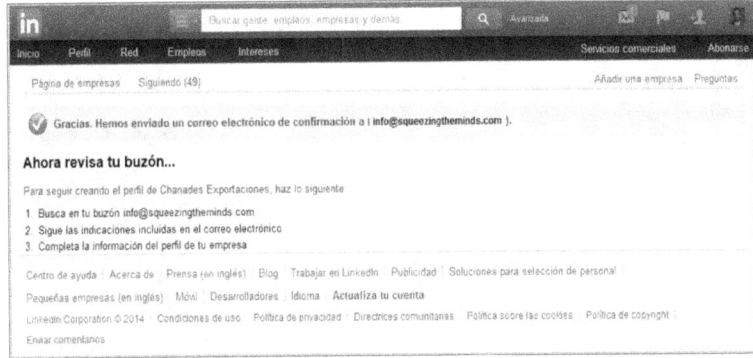

El siguiente paso es completar los datos de la empresa. Intenta rellenar la mayor información posible. Esto incluye:

- Descripción de la empresa en cuanto a actividad y organización (mínimo 256 caracteres y máximo de 2.000).
- Idioma predeterminado.
- Personas que están autorizadas a administrar este perfil.
- Texto de presentación, por si quieres realizar alguna oferta de empleo (selección de personal).
- Tres logotipos o imágenes para utilizar en distintos puntos del perfil.
- Especialidades de la empresa (consultoría, cursos, fontanería, etc, según se adapten a la actividad de tu empresa).
- Grupos de LinkedIn™ a los que pertenece tu empresa.
- Tipo de empresa (autónomo, educativa, publica, sin ánimo de lucro, etc).
- Tamaño de la empresa, en número de empleados.
- URL de la web de la empresa.

- Sector principal al que está dedicado la empresa.
- Estado en el que actualmente está la empresa (en funcionamiento, cerrada, etc.)
- Año de creación.
- Dirección física de la empresa.

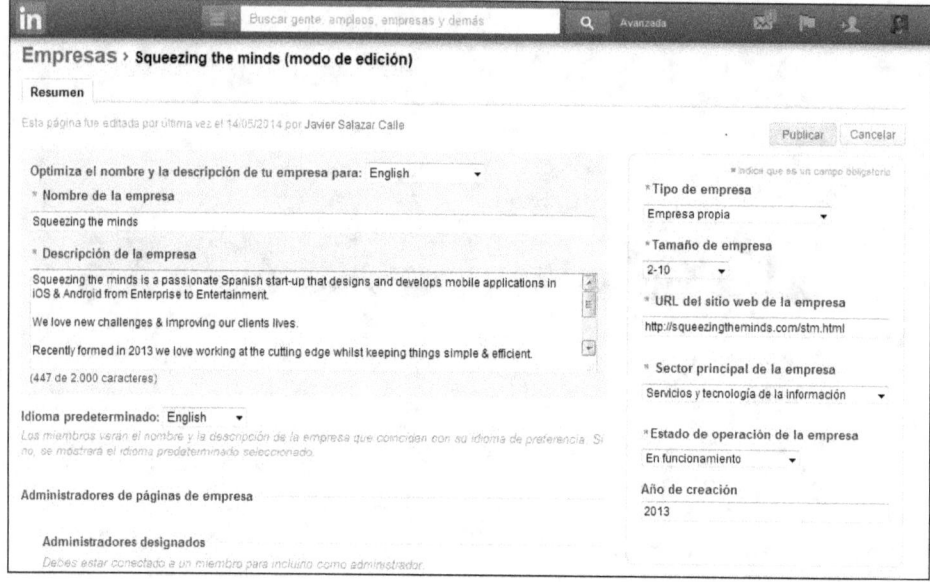

Otra información que puedes rellenar es: la selección de usuarios de LinkedIn™ que podrán editar y gestionar en general el perfil de la empresa, o las distintas ubicaciones que tuviera la empresa (máximo cinco).

No existe la opción de vista previa de la página de empresa. Cuando publicas la página, aparece en LinkedIn™ en el momento.

El logotipo es muy importante. Cuando tus empleados se den de alta en LinkedIn™ como trabajadores de la empresa el logotipo les aparecerá en su perfil a la derecha del nombre.

Selección de administradores de la página

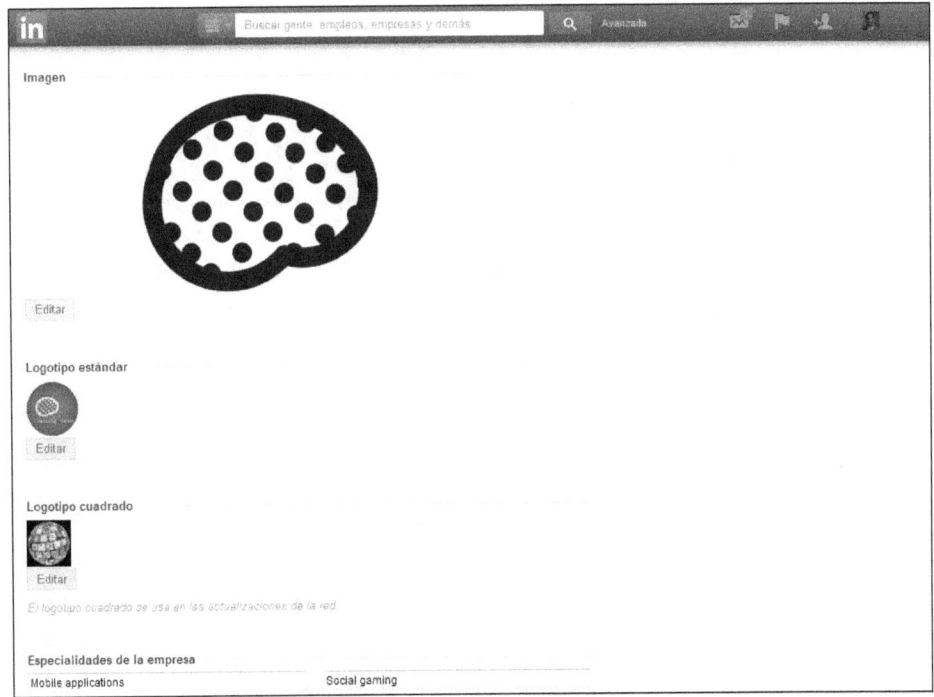

Selección logotipos de la empresa

Se pueden agregar cuantas especialidades se quiera para la empresa.

Es conveniente completar bien el perfil ya que en las búsquedas por parte de usuarios, podrás posicionarte mejor cuanto más completo sea.

```
Especialidades de la empresa
Mobile applications                    Social gaming
Learning applications                  Web developping
✥ Añadir más especialidades

Grupos notables
Debes ser miembro o administrador de cada grupo para poder incluirlo en la página de tu empresa
Empieza a escribir el nombre de un grupo - Puedes añadir 3 grupos más




Centro de ayuda | Acerca de | Prensa (en inglés) | Blog | Trabajar en LinkedIn | Publicidad | Soluciones para selección de personal
Pequeñas empresas (en inglés) | Móvil | Desarrolladores | Idioma | Actualiza tu cuenta
LinkedIn Corporation © 2014 | Condiciones de uso | Política de privacidad | Directrices comunitarias | Política sobre las cookies | Política de copyright
Enviar comentarios
```

El Resumen de la empresa se puede personalizar y completar en cualquier momento. Importante: es posible seleccionar el idioma para el perfil.

Dentro de la descripción/resumen de la empresa, existe la posibilidad de catalogar el resto de información en base a algunas opciones que ofrece LinkedIn™, relacionadas con:

1. Tipo de empresa.
2. Tamaño de la empresa.
3. Sector principal al que dedica la actividad.
4. En qué situación se encuentra la empresa.

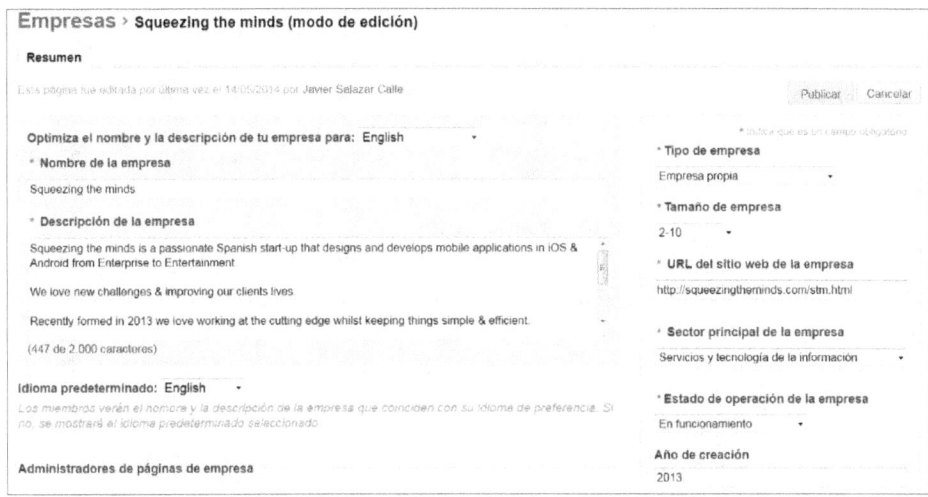

El último paso es completar las ubicaciones, se pueden introducir hasta cinco ubicaciones diferentes. Todos los datos de contacto se pueden ir agregando por cada dirección. Se pueden agregar los empleados por ubicación.

Posicionamiento: compartir actualizaciones

Probablemente sea el punto más importante, posicionar tu empresa dentro del universo de empresas ya existentes. Darse de alta no basta, no es suficiente. Hay que tener unos objetivos cuantificables y darles seguimiento utilizando para ello las herramientas que consideremos.

Una vez que el perfil de la empresa está creado y completado es importante generar actividad para empezar a posicionarla. Por ejemplo, dar a conocer eventos, hechos relevantes o artículos relacionados con alguna actividad afín.

Segmentar tu público objetivo y saber qué es lo que puedes ofrecer a cada segmento es un primer paso imprescindible. No puedes lanzar mensajes sin saber a quién.

Una vez que lo tienes claro, ¿cómo compartes una actualización?. Uno de los puntos importantes a saber es si quieres compartir la actualización con todos los seguidores, prefieres segmentar la actualización o va dirigida a ciertos usuarios en concreto.

Usa LinkedIn como si fueras un experto

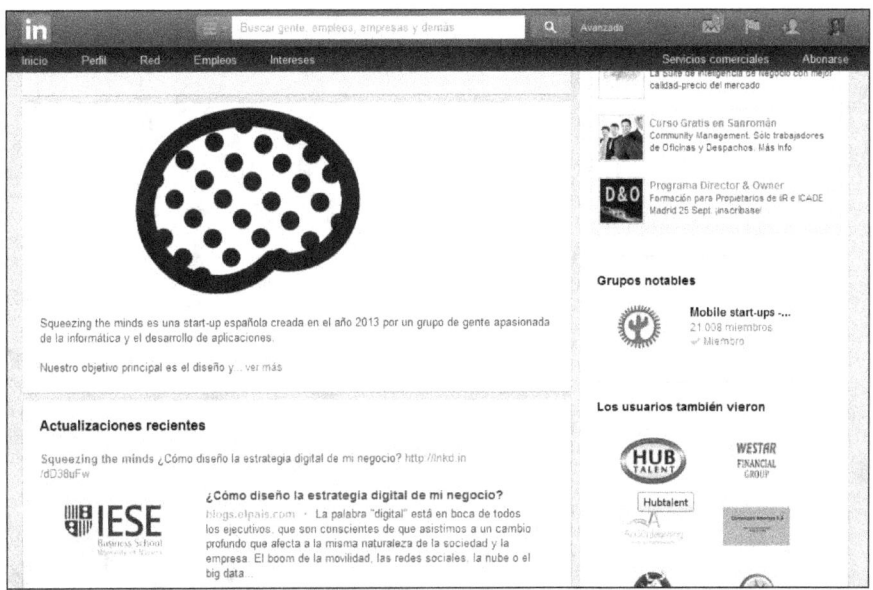

Pega la URL que quieres compartir en el recuadro <Comparte una actualización>. En <Compartir con> eliges con qué seguidores quieres compartirla. Puedes elegir todos o filtrarlos por tamaño de empresa donde trabajan, industria, función, antigüedad, geografía o idioma; así como filtrar por los empleados que pertenecen o que no pertenecen a la empresa. Utiliza la segmentación para tus fines. Cuando tengas definida la audiencia, haces click en <Compartir> y se comparte el enlace con el público definido.

Posicionamiento: publicar empleo

En posicionamiento de la empresa, y comparado con sus competidores, uno de los puntos fuertes de LinkedIn™ es la posibilidad de compartir empleos:

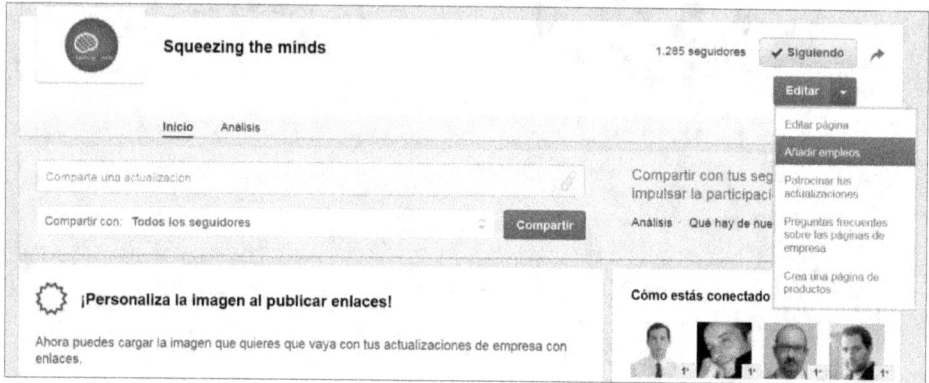

En tres sencillos pasos se puede dar de alta una oferta de empleo a la que podrán sumarse los candidatos:

1. Primer paso: selección de la empresa dentro del perfil con la que relacionar la oferta, agrega una descripción, cuanto más detallada mejor para filtrar posibles candidaturas.

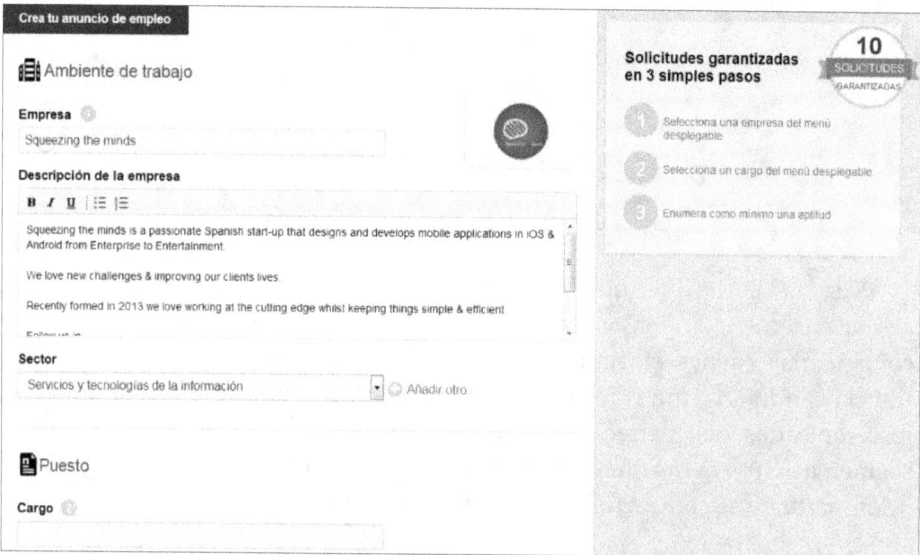

2. Segundo paso: definición y descripción del puesto que se está ofertando.

3. Tercer paso: el toque final. Cómo se va a poder solicitar el puesto, quién es el anunciante e indicar la ubicación para obtener el coste del anuncio.

Posicionamiento: posibilidades

Con el perfil de empresa puedes:

- Añadir tu empresa a LinkedIn™, dándola mayor visibilidad.

- Editar el perfil de la empresa.

- Designar qué personas son administradores del perfil de la empresa, pudiendo editarlo en cualquier momento.

- Publicar ofertas de trabajo.

- Insertar noticias y datos de interés y promocionarlos, segmentando el público objetivo entre tus seguidores.

- Crear casos de Negocio de diversas áreas con ejemplos de tu actividad y compartirlos.

- Analizar el perfil de los seguidores de la empresa.

- Utilizar los grupos como portales de empleados.

- Promocionar eventos y presentaciones.

- Ver las estadísticas sobre cada inserción que hagas de impresiones, interacción, etc.

- Hacer encuestas.

Posicionamiento: consejos

En tu perfil de empresa :

- Añade una imagen atractiva en la portada.

- Da una descripción que deje claro a qué se dedica la empresa y qué puede aportar.

- Revisa las estadísticas de la página para saber quién te sigue y poder segmentar tus mensajes.

- Personaliza la URL.

- Añade la descripción de la empresa en tantos idiomas como los que hable tu público objetivo. Les hará sentirse más cómodos. Puedes tenerlo hasta en 24 idiomas.

- Publica actualizaciones interesantes de forma frecuente y genera debate sobre ellas.

- Añade vídeos, en la medida de lo posible. Hacen que el perfil resulte mucho más atractivo.

- Escucha a tus seguidores y hazlos crecer. Atráelos con contenidos segmentados.

- Mira los perfiles de tu competencia, algo bueno tendrán que puedas aprovechar. Fíjate en los líderes del sector.

- Consigue que tus empleados se den de alta en LinkedIn™. De esta forma aparecerá el nombre de tu empresa y un link a la misma en cada uno de sus perfiles. Además, les ayudará a sentirse parte de la organización.

- Llegado el momento promuévela con LinkedIn™ Ads si quieres tener puntualmente un impacto mayor de audiencia. Sobre esto profundizaremos más adelante.

- Si tienes grupos utiliza los *announcements*. Lo explicamos en la sección de grupos.

Marketing: LinkedIn Ads

¿Qué es LinkedIn Ads? En la propia página de LinkedIn™ tienes información muy completa sobre el tema:

http://partner.linkedin.com/ads/info/Ads_faqs_updated_es_ES.html

LinkedIn™ lo define como: "LinkedIn Ads es una solución publicitaria de autogestión que permite crear y publicar anuncios en páginas destacadas del sitio web de LinkedIn.com. Realmente es una poderosa herramienta que permite enviar un mensaje corto a tu público objetivo dando acceso a tu canal de marketing. Los usuarios hacen clic en tus anuncios y visitan tu sitio web. Puedes indicar qué miembros de LinkedIn™ quieres que vean los anuncios eligiendo a los destinatarios en función de su cargo, función, sector, ubicación, edad, sexo, nombre y tamaño de empresa o grupo en LinkedIn™. Controla los gastos de publicidad estableciendo un presupuesto y paga únicamente por los clics o visitas que recibas." En definitiva, es la forma de poner anuncios en LinkedIn™ con todas las posibilidades que ofrecen.

Para poder utilizar esta solución necesitas darte de alta en el servicio. Para ello basta con que estés dado de alta en LinkedIn™ y tengas una tarjeta de crédito para el cargo por los servicios que contrates.

Desde la página de tu perfil en la sección de <Servicios comerciales> está la opción de <Publicitar>, que es donde se gestiona todo esto.

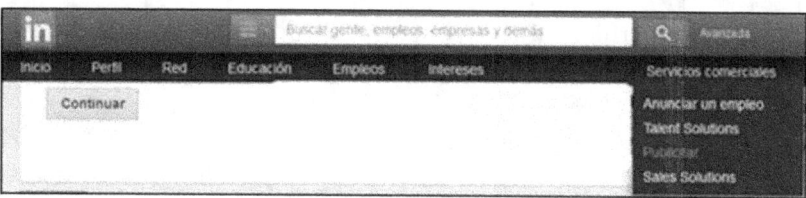

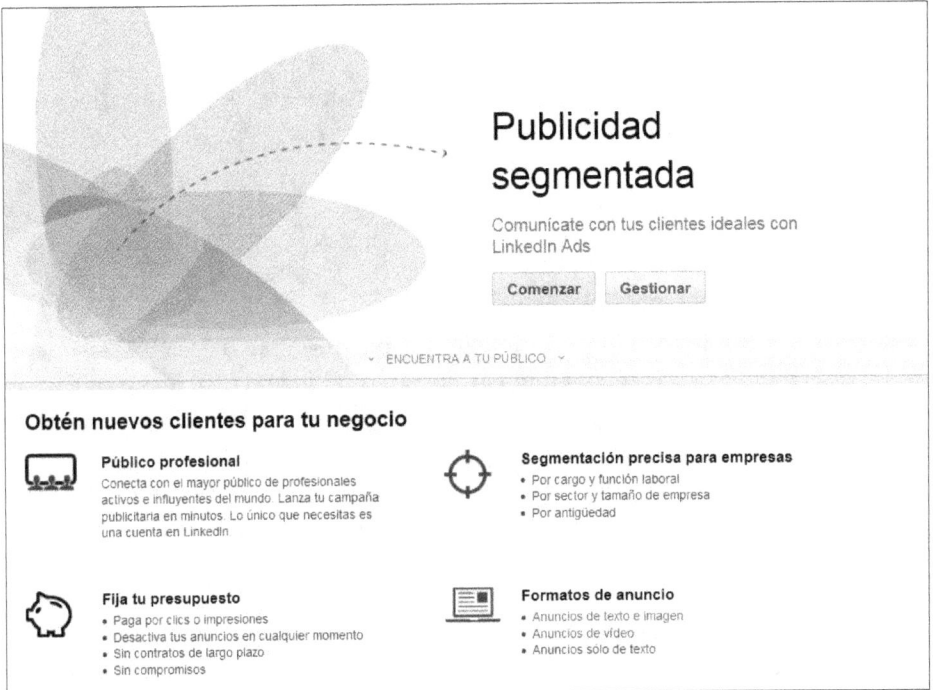

Una vez dado de alta en el servicio, para poner un anuncio hay tres pasos:

1. **Crea un anuncio**: crea tu anuncio en unos minutos utilizando tu cuenta de LinkedIn™. Los anuncios constan de:
    a. Titular (máximo de 25 caracteres de texto)
    b. Descripción (máximo de 75 caracteres de texto): escoge términos que llamen la atención y atraigan, incluyendo frases de acción como *"prueba"*, *"descarga"*...
    c. De: (tu nombre o una empresa)
    d. Imagen: (imagen de 50x50 píxeles): muy importante porque aumenta el CTR (*click through rate*), es decir, la frecuencia con que los usuarios pulsan en el anuncio.
    e. URL (sitio web que la gente visita después de hacer clic en el anuncio)

2. **Escoge tu público objetivo**: determina qué usuarios de LinkedIn™ quieres que vean tu anuncio. Se puede segmentar por muchas variables:
    a. Cargo: segmenta por cargo si buscas uno específico.
    b. Función laboral: académica, administrativa, ingeniería, finanzas, marketing, operaciones...

c. Sector: banca, agencias inmobiliarias, Internet, sector automovilístico, salud...
d. Ubicación: puedes poner una o varias (un país, tres ciudades...)
e. Tamaño de empresa
f. Nombre de la empresa
g. Antigüedad
h. Edad
i. Sexo
j. Grupo de LinkedIn™: puede interesarte anunciarte solo en gente que pertenezca a un grupo concreto. Puedes ver los grupos que hay en el directorio de grupos de LinkedIn™: https://www.linkedin.com/vsearch/g

Es fundamental este apartado para llegar a quien realmente te interesa y, al revés, no gastar tu presupuesto en llegar a quien no es tu verdadero público objetivo.

3. **Establece un presupuesto y una puja**: establece el importe máximo que deseas gastar diariamente y cuánto estás dispuesto a pagar por clics o impresiones.

   a. Si pagas por clics (CPC) LinkedIn™ te cobrará solo cuando alguien pulse en el anuncio. Cada clic te costará entre 2$ (que es el mínimo posible) y tu puja, que es la cantidad que tú pones como máxima que quieres pagar. Cuanto más alta sea tu puja más posibilidades tienes de que alguien pulse en tu anuncio, pero más te costará.
   b. Si pagas por impresiones (CPM) te cobrará por cada 1.000 impresiones.

Lo que elijas dependerá de lo que busques, pero suele ser más interesante el CPC. En todo caso tienes que establecer el máximo diario que estás dispuesto a gastarte, controlando de esta forma el coste de la campaña. Si este es demasiado bajo la campaña será inefectiva, pero si es muy alto estarás gastando dinero de más. Pon un presupuesto y ajústalo diariamente según los resultados que vaya dando. LinkedIn™ cobra 5$ como tarifa de activación del anuncio. Luego puedes darlo de baja cuando quieras sin ningún coste ni límite de tiempo.

Puedes diseñar los anuncios en tantos idiomas como LinkedIn™ permite (hasta 17 diferentes) y segmentarlo en más de 50 países.

La página de LinkedIn Ads te explica claramente qué hacer para que tu anuncio sea eficaz:

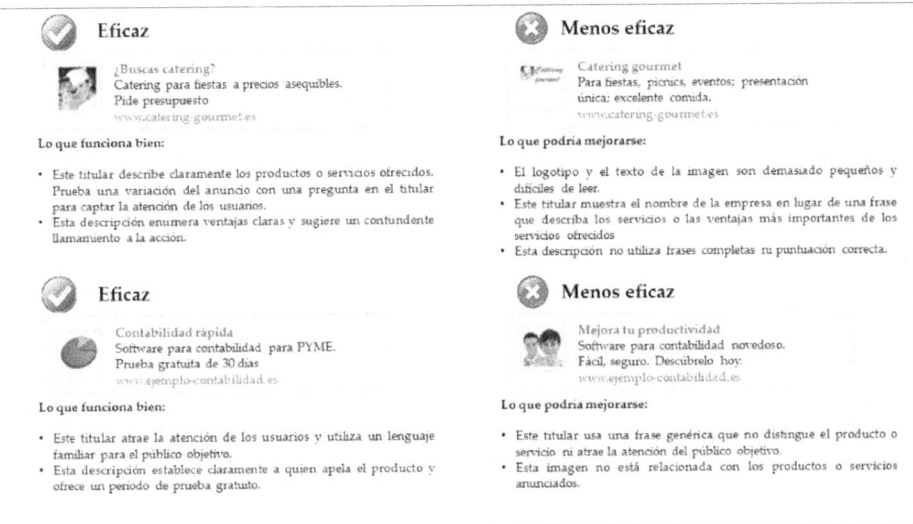

Si la campaña no está funcionando como crees que debería puede que tengas que cambiar algo de las variables de segmentación que estableciste. Revísalas y toma acciones al respecto. También puede que el titular del anuncio, su texto o la imagen del mismo no sean adecuados. Aquí tienes algunas ideas más teniendo en cuenta que el título permite solo 25 caracteres (unas cuatro palabras), dada esta limitación tienes que sacar el máximo partido porque tanto el título como una imagen juegan un papel clave:

- **Llama la atención de tu público objetivo.** Por ejemplo, si tu objetivo son los CEO, podría ser "Hey , CEOs !"
- **Resume a qué se dedica tu empresa.** Si estás anunciando el sistema de visión de contenidos de medios sociales InfiniGraph, podrías utilizar el título "Inteligencia Social ahora".
- **Muestra los beneficios que pueden obtener.** ¿Por qué les importa? Utilizando el ejemplo anterior, podría apuntar a agencias o nuevos directores de negocio, diciendo: "gana tu próximo gran partido", y luego usa la descripción (el cuerpo del texto) para explicar cómo InfiniGraph les ayuda a diferenciarse de la competencia y a obtener más negocio.
- **Resume el contenido que estás publicitando.** Si tratas de conseguir que más gente vea tu nuevo vídeocontenido de marketing, PDF o infografía, ¡provócales! Por ejemplo, "Weird Infografía. "

- Usa **palabras clave**. Esto no es Google AdWords, pero si conoces bien a tu público objetivo, entonces sabes aquellas palabras que más llaman su atención (como beneficios, retorno de la inversión, o riesgo). Prueba el uso de estas palabras en el título.

Una vez establecida una campaña puedes seguirla desde el Administrador de campañas.

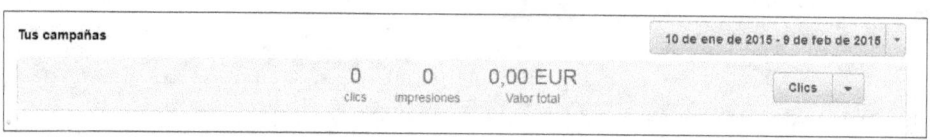

Resumiendo, para obtener el mayor provecho y los mejores resultados a los anuncios publicados:

1. Dirígete a tu audiencia: ¿a quién te quieres dirigir? ¿Cómo puedes llegar a ellos a través de LinkedIn™?
2. Selecciona las imágenes creativas que llamen la atención de tu objetivo. ¿Cómo hacer que realice alguna acción? ¿Qué imágenes atraen su atención y aumentan los resultados sin perjudicar a tu presupuesto? (Algunas imágenes captan la atención y generan curiosidad, pero demasiado, y acabas obteniendo clics de la gente equivocada). Genera de cinco a diez versiones de cada imagen, texto y título, de modo que se puedan encontrar mejores ideas y/o combinaciones.
3. Lanza los anuncios y espera los resultados.
4. Revisa los resultados y obtén informes sobre ellos.
5. Analiza la información obtenida. Puedes mirar distintas métricas:
   - CTR (Click-Through Rate) o ¿cuánto público responde a estos anuncios?
   - CPL (Cost per lead) o coste por cliente potencial: ¿sigue siendo razonable el presupuesto?
6. ¿Qué mensaje publicitario está funcionando mejor? Compara los anuncios con mejores y peores respuestas. ¿Por qué crees que respondieron de esa manera? ¿Qué te has aprendido con ello?
7. Repite el proceso todas las veces que sea necesario.

Además, siempre se puede cuantificar el éxito de nuestro anuncio con las métricas de una campaña de Marketing:

Objetivo de tus anuncios	Tamaño de la audiencia estimada
Conocimiento	Impresiones, coste por cada mil impresiones o visitas de un anuncio (CPM)
Interés en el anuncio	Eficacia de las campañas de publicidad en Internet en base a dividir el número de usuarios que entraron en la publicidad entre el número de impresiones del anuncio (utilizando tantos por cien) (CTR) Coste por clic, lo que se paga por cada acceso a una página después de haber hecho clic en una publicidad (CPC)
Tráfico de la web	Visitas únicas
Efectividad del sitio web	Ratio de conversión (RC). Porcentaje de visitantes que han realizado actividad
Prospect interesados	Dirigidos a la web. Coste por contacto (CPL)
Prospect cualificados	Valoración de Oportunidades de Negocio
Ventas	Coste por cada venta cerrada

Fuente: Pearson Education - Que - LinkedIn For Business - How Advertisers, Marketers, And Salespeople Get Leads, Sales, And Profit From LinkedIn (2013)

Y recuerda, que el perfil medio de LinkedIn™ no le suele dedicar mucho tiempo. La gente que participa en grupos suelen ser los más activos, por lo que es el mejor público objetivo al que dirigirse para empezar. Los grupos pueden ser abiertos, por lo que además de dirigirte a las personas que te interesan, también estarás llegando a personas relacionadas con ellos.

Marketing: actualizaciones esponsorizadas

Una opción que permite LinkedIn™ para las empresas es patrocinar actualizaciones. Esta opción es independiente, pero compatible, con LinkedIn Ads. ¿Para qué hacer esto?:

- Hacer llegar las actualizaciones de tu empresa a más gente y captar nuevos seguidores.
- Alcanzar justo a la audiencia adecuada con las opciones de segmentación.
- Aumentar el conocimiento de marca con un público de alta calidad.
- Conseguir que tu mensaje llegue a todos los dispositivos: web, tableta y teléfono.
- Configurar tu propio presupuesto y elegir entre el coste por clic o coste por impresión, según tus necesidades.
- Puedes usar Direct Sponsored Content para probar tus mensajes con diferentes contenidos y audiencias, sin tener que publicarlos en tu página de empresa.

¿Cómo hacerlo? Puedes hacerlo directamente desde una de tus actualizaciones de la empresa, desde el botón de <Patrocinar actualización>, justo debajo de las estadísticas de esa actualización (donde te informa de a cuánta gente se le ha presentado en su muro, de las veces que han pulsado en el enlace y de los comentarios que se han hecho.

Al pulsar te sale esta pantalla, donde seleccionaremos <Patrocinar contenido>:

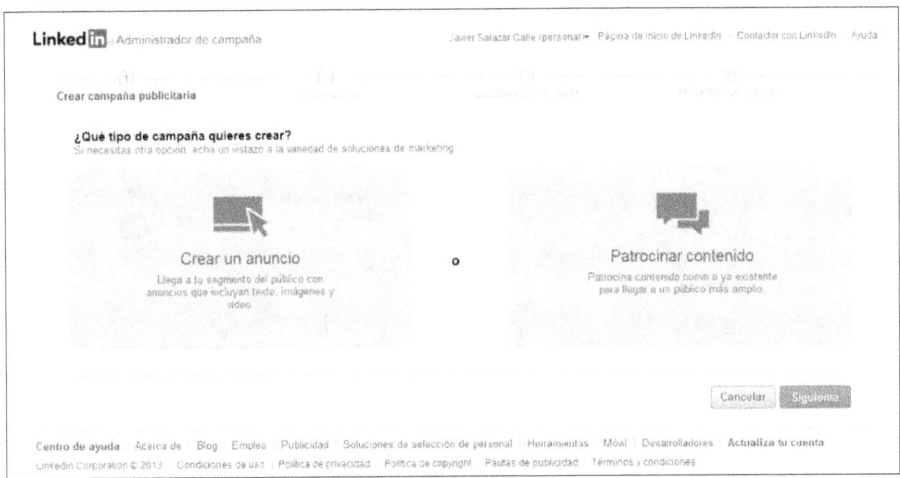

Nos saldrán las opciones para poder informar el nombre de la campaña, la empresa sobre la que queremos hacerla y la actualización a patrocinar (puedes elegir varias a la vez). Obviamente elegir bien la actualización a patrocinar es clave.

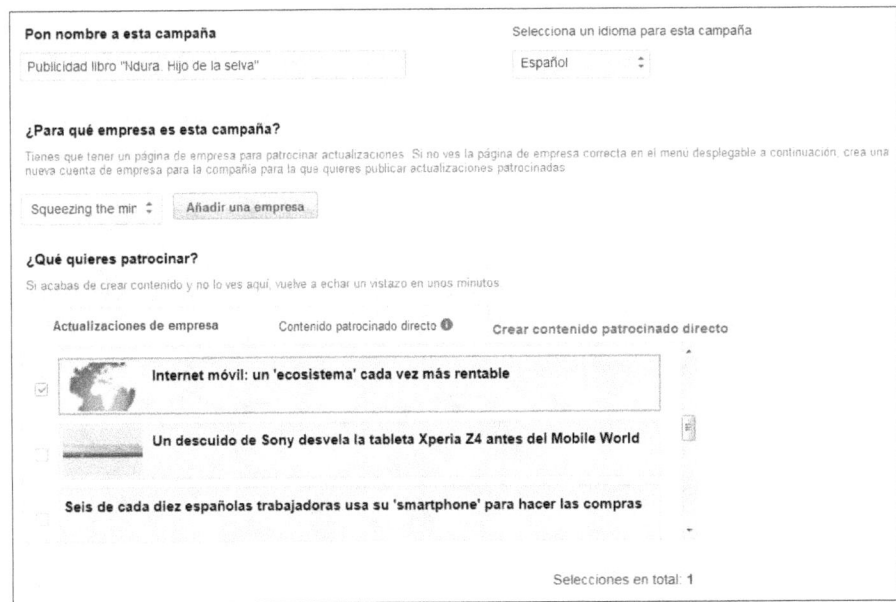

Justo debajo podemos ver cómo quedará la actualización patrocinada tanto en web, móviles o tabletas. Esto es lo que verá el público que seleccionemos en la fase de segmentación de audiencia para recibir esta actualización.

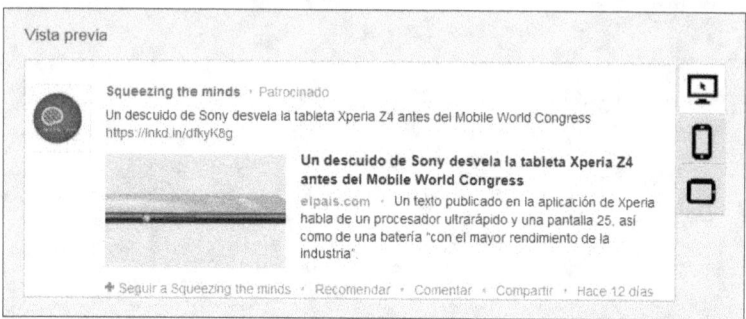

Pulsando en siguiente te aparecen ya las opciones de segmentación de público de la campaña. Esta parte es fundamental y de una buena segmentación dependerá en gran parte el éxito de tu patrocinio de contenido. En la parte derecha aparece la cifra de personas objetivo totales de tu campaña con la segmentación que tienes hecha hasta el momento. Sin poner ningún filtro la cifra inicial supera los treinta y tres millones de miembros de LinkedIn™.

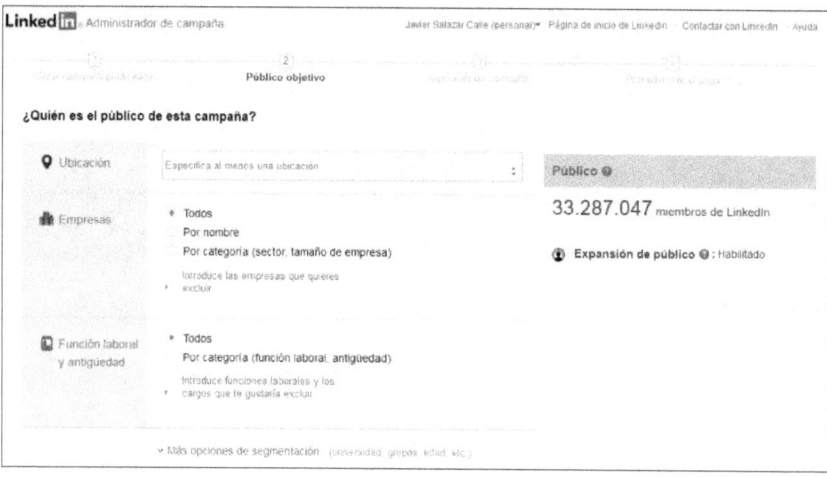

En este ejemplo hemos segmentado la campaña de esta forma:

- Ubicación: hemos seleccionado Francia, España y Portugal. Pero se puede seleccionar por áreas geográficas si quieres más países o por ciudades si quieres menos ámbito geográfico o tu patrocinio es de algo muy local.
- Sector de la empresa: aquí hemos elegido los subsectores Tecnología inalámbrica, Seguridad y Nanotecnología. Puedes seleccionar sectores y dentro de cada uno subsectores.
- Antigüedad: sólo hemos dejado Propietario, Vicepresidente o Socio. Dependiendo de lo que quieras te interesarán unas opciones u otras.

Con esta parametrización hemos pasado de un público objetivo de más de treinta y tres millones de personas a tan solo 1.180 miembros de LinkedIn™; con lo que nuestro patrocinio de contenido va a ir muy centrado en cuanto a quién queremos llegar, aumentando las posibilidades de éxito si las elecciones han sido las correctas. Esto mismo aplica cuando publicamos anuncios con LinkedIn Ads. Buena segmentación = buenos resultados.

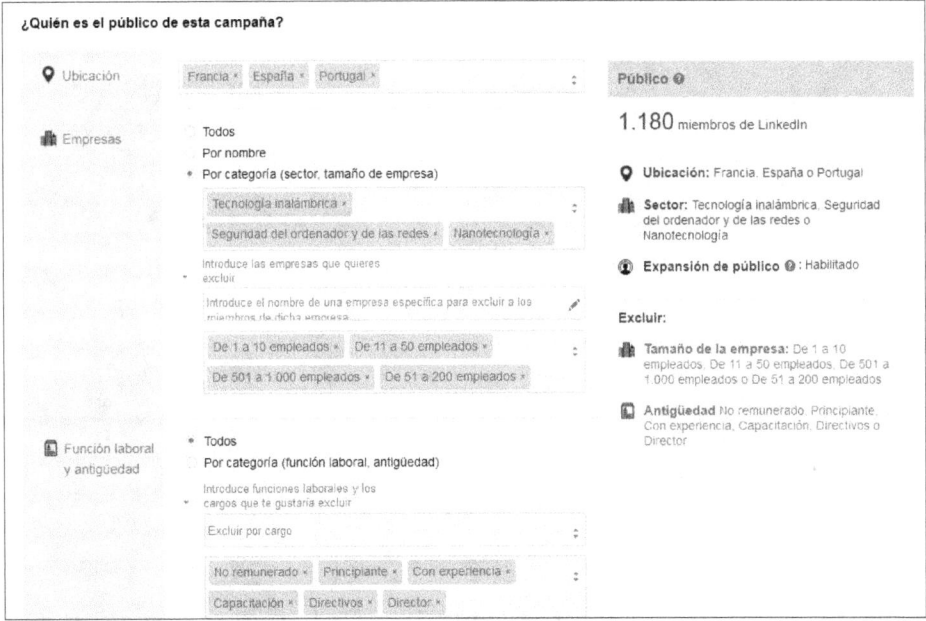

Las opciones de segmentación son mucho más amplias de las que hemos utilizado, habiendo más parámetros por los que podemos precisar nuestro *target*.

El siguiente paso es elegir las opciones presupuestarias de la campaña. Aquí elegimos las siguientes variables:

- Puja: es la cantidad que pagarás cada vez que alguien pulse en tu enlace. Hay un importe mínimo (en este caso 4,10€). Cuanto más alta sea tu puja más posibilidades tienes de que alguien pulse en tu anuncio, pero más te costará.
- Presupuesto máximo diario.
- Presupuesto total de la campaña.
- Duración de la campaña (siempre y cuando haya presupuesto disponible aún).

En todo momento tienes un resumen de tu patrocinio en la parte derecha de la pantalla, tanto de la segmentación que has hecho como de la parte presupuestaria de la misma.

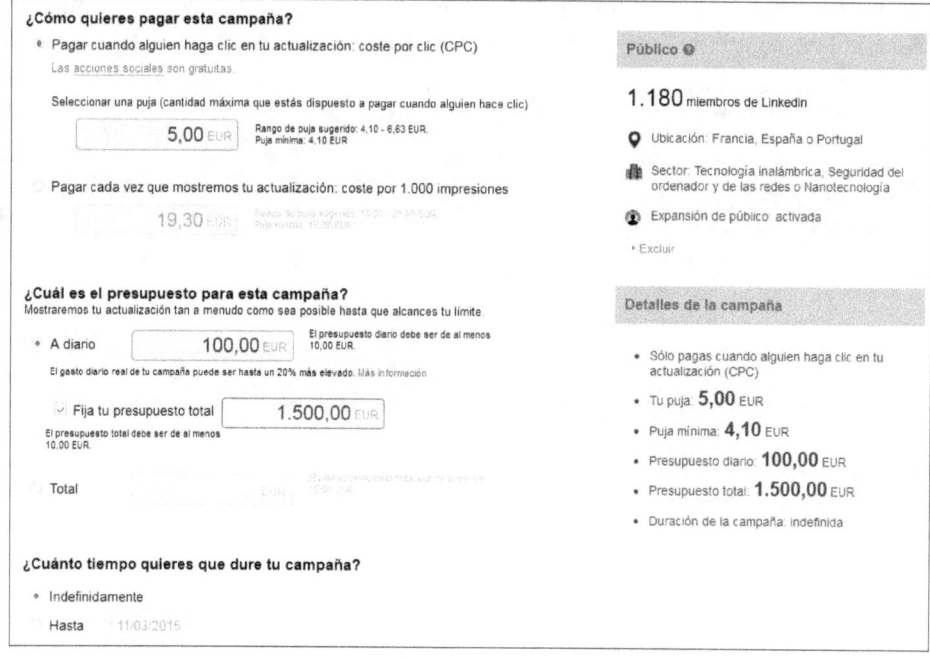

Una vez guardada la campaña, el último paso es la confirmación de los datos de pago. Tiene que ser con tarjeta (Mastercard, Visa o American Express) y hay un coste fijo de 4 € por la activación de la cuenta de LinkedIn Ads si es la primera vez.

¿Lo estás haciendo bien?

Sólo hay una forma de saberlo: ¡compararse con los mejores! Según los usuarios de LinkedIn™ los 10 mejores perfiles de empresa en 2014 eran:

Fuente: http://www.slideshare.net/linkedin/link-company-pagestemplate129?redirected_from=save_on_embed

Mira sus perfiles atentamente y saca tus propias conclusiones sobre qué están haciendo bien. Copiar lo bueno no solo no es malo, sino que es aconsejable.

En la información del concurso puedes ver los consejos que da cada empresa para mejorar tu interacción en LinkedIn™; eso sí, está en inglés:

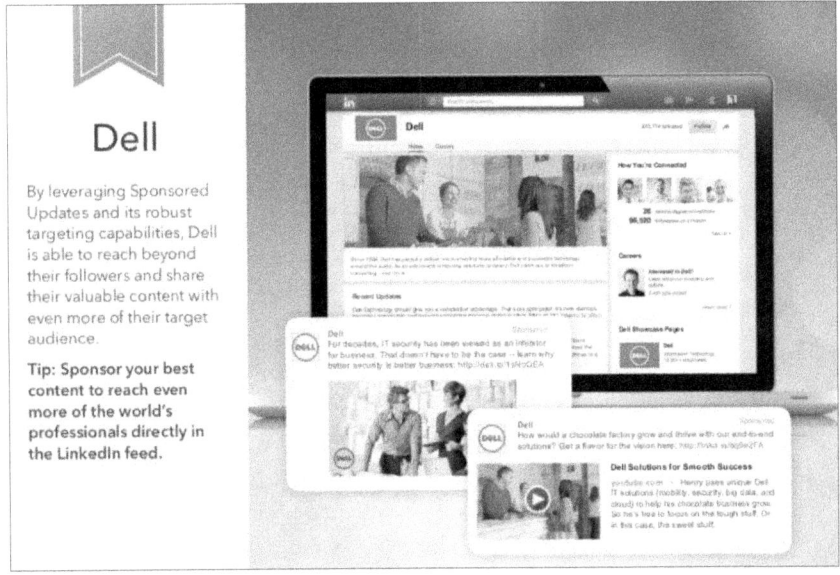

Usa LinkedIn como si fueras un experto

Claves de LinkedIn para universitarios

Introducción a LinkedIn para universitarios

¿Qué carrera estudio?, ¿en qué universidad?, ¿qué salidas tendrá?, ¿cómo les ha ido a otros? Estas preguntas son las que siempre surgen al estudiante que tiene que decidir cómo sigue con su formación. Afortunadamente, ahora tenemos LinkedIn™ para ayudarnos. Con unas potentes herramientas que explotan la ingente información de la que dispone, te ayudará a tomar una de las decisiones más importantes de tu vida.

Para ello ofrece múltiples opciones en las que ahondaremos más adelante:
- Buscador de universidades.
- Clasificación de universidades.
- Buscador de disciplinas académicas.
- Tablón de decisiones.

El proceso es muy sencillo, basta con rellenar la información según te la solicita como la fecha en la que quieres comenzar la universidad, tipo de titulación que quieres conseguir (grado, máster, doctorado, etc.), carrera que quieres estudiar o la universidad que prefieres. LinkedIn™ te sugiere entonces algunas universidades y una lista de personas que quieren estudiar en cada una de las universidades seleccionadas, con recomendaciones y opiniones sobre ellas. Puedes rellenar por qué te interesa una universidad en concreto, añadir tus propios comentarios, ver los empleos que tienen las personas que estudiaron allí, su sector de actividad, su empresa actual y también datos generales de la universidad (presentación, dirección, correo y teléfono de contacto, estadísticas sobre el número de estudiantes o profesores, becas disponibles, coste de la matrícula, antiguos alumnos destacados, contactos que tienes que te relacionan con la universidad, grupos de antiguos alumnos, etc.).

Si seleccionas <Ver tu universidad> se muestran las personas más relevantes de LinkedIn™ que han estudiado en la misma y su fecha de finalización de los estudios. También te informa de qué estudiaron sus miembros, dónde trabajan, qué hacen, dónde estudiaron, dónde viven, qué aptitudes/habilidades tienen y cómo está conectada con ellos.

Buscador de universidades

En este menú se abre un abanico de opciones para seleccionar universidad según cuatro criterios fundamentales:
- ¿Qué quieres estudiar?: qué carrera
- ¿Dónde quieres trabajar?: en qué empresa
- ¿Dónde quieres vivir?: en qué país
- ¿A qué quieres dedicarte?: tipo de profesión

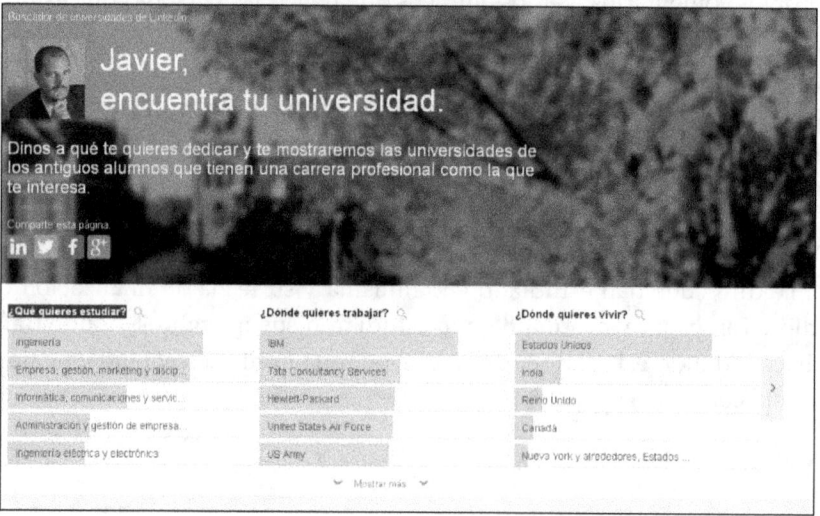

Según vayas añadiendo filtros se mostrarán las universidades que los cumplen. También te ofrece información de las universidades más destacadas del momento.

Clasificación de universidades

Se basa en la trayectoria profesional de los miembros de LinkedIn™ y en las empresas preferidas por los mismos. Es posible filtrar por país. El funcionamiento es el siguiente:

- LinkedIn™ identifica las empresas en las que prefieren trabajar las personas del puesto en cuestión.
- De las personas en LinkedIn™ que trabajan en ese puesto, analiza las universidades donde han estudiado.
- Finalmente, para cada universidad, calcula el porcentaje de los antiguos alumnos que han conseguido empleos en ese puesto y en las mejores empresas. Puedes utilizar estos porcentajes para elaborar la lista.

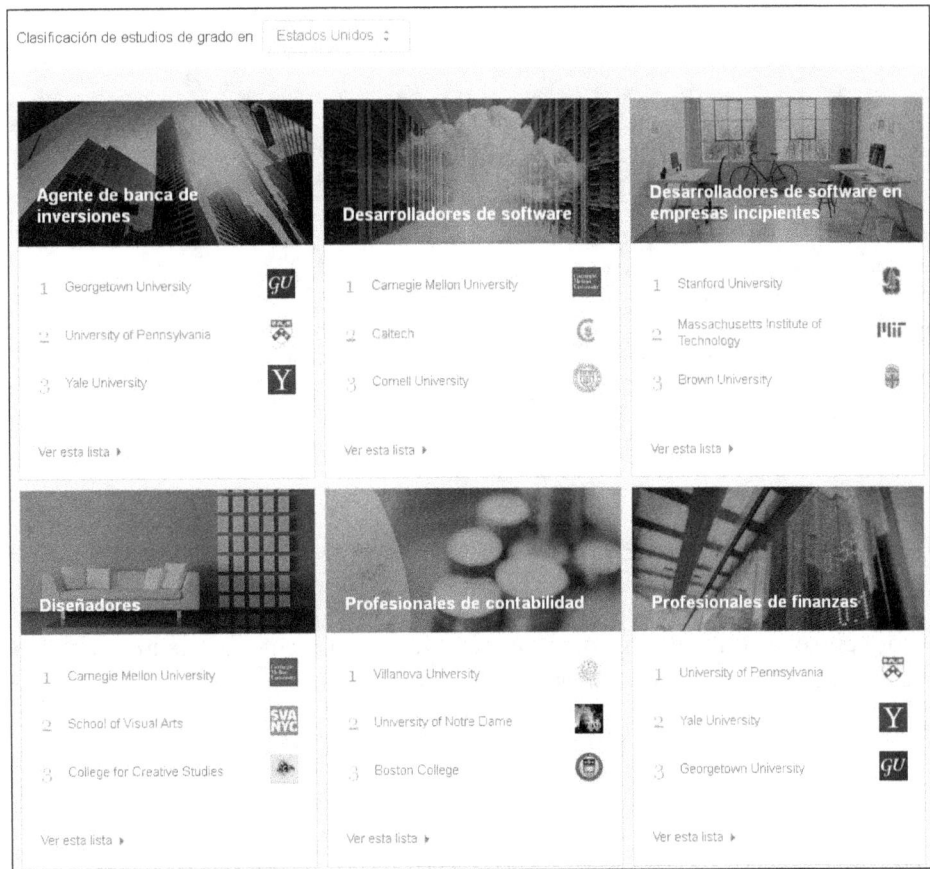

Buscador de disciplinas académicas

Dado un área de conocimiento determinado puedes ver la lista de personas más relevantes con información sobre cuántos miembros han estudiado sobre ese área, dónde trabajan, qué hacen, dónde estudiaron, dónde viven y cómo está conectada con ellos.

Con esta búsqueda podrás analizar todos los datos que tiene LinkedIn™ sobre personas que han estudiado el área de conocimiento que te interesa y, en base a ellos, tomar las decisiones que consideres oportunas.

Tablón de decisiones

Desde aquí puedes acceder al resto de opciones y también ver las universidades que has ido preseleccionando, con toda su información.

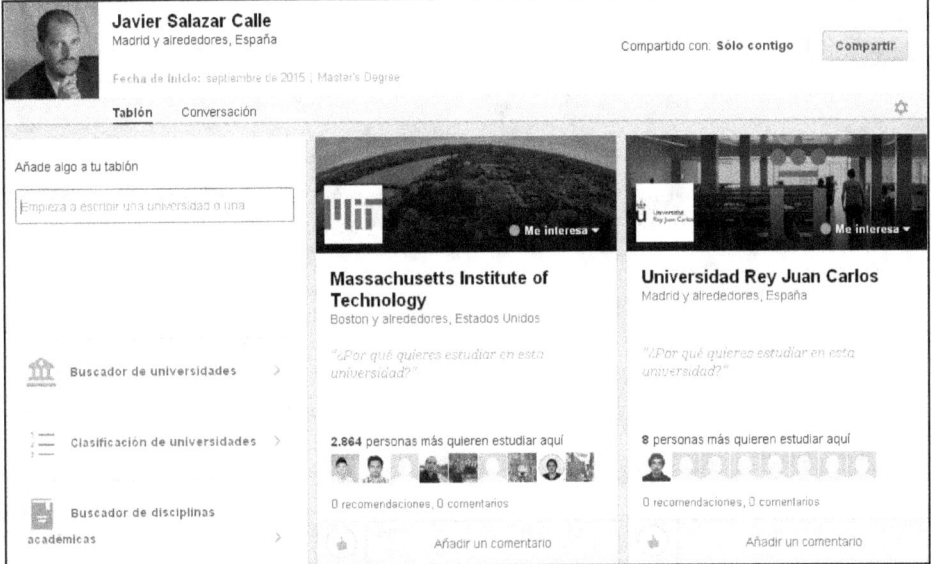

Por cada universidad podrás:

- Poner uno de los siguientes estados:
    - Me interesa.
    - Solicitud enviada.
    - Me han aceptado.
    - Estudiaré aquí.
- Eliminarla del tablón u ocultarla si tienes el tablón público.
- Ver las personas que también quieren estudiar allí.
- Ver las recomendaciones y comentarios.
- Añadir tu propio comentario.
- Acceder a la ficha de la universidad en LinkedIn™ pinchando en el icono.

Usa LinkedIn como si fueras un experto

Claves de LinkedIn para grupos

Introducción a LinkedIn para grupos

Como ya hemos mencionado anteriormente, los grupos son creados por los propios usuarios y sirven para unir a gente con intereses comunes. Puede que el grupo que te interese ya exista, pero puede que no. Hay más de 2,1 millones de grupos en LinkedIn™. La ventaja de crear tu propio grupo es que podrás elegir la temática exacta, configurarlo todo lo abierto o cerrado que quieras y limitar la entrada a las personas que te resulten relevantes o público objetivo. De esta forma podrás dirigirlo según tus necesidades u objetivos, que pueden ser de lo más diversos: atraer a expertos, personas con conocimientos específicos, de un tema para poder tratarlo en profundidad, crear un grupo de ayuda de alguna actividad específica, difundir noticias de diversas fuentes sobre algo concreto que pueda interesar... Las posibilidades son tantas como se te ocurran y tener tu propio grupo te permitirá explotarlas al máximo. Eso sí, grupos hay muchos y tienes que preguntarte: ¿qué es lo que hace diferente al mío?, ¿qué hará que los usuarios quieran pertenecer a éste y no a otro similar ya existente?

Recuerda que el número de grupos a los que una persona puede pertenecer es limitado y, por lo tanto, la gente elegirá muy bien en cuáles estar. Nosotros mismos hemos tenido alguna vez que decidir qué grupo dejar de seguir para poder ingresar en otro que nos parecía más interesante.

Según los datos que proporciona LinkedIn™ sobre el número de grupos a los que pertenecen los usuarios:

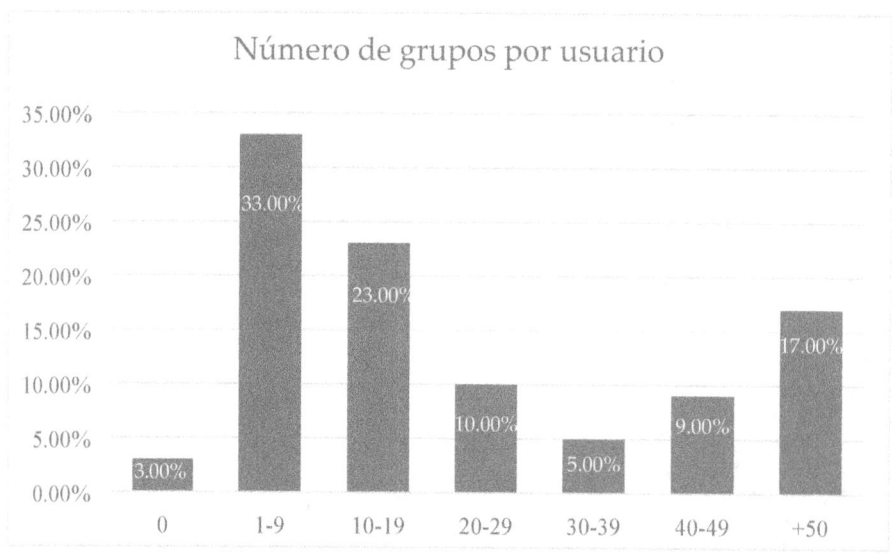

Alta de un grupo

Para crear un grupo, selecciona el menú <Intereses>, ahí está la opción para acceder a los Grupos.

Al acceder se muestran los grupos a los que ya perteneces. Pulsa <Ver más> para visualizar todos.

Al final de la lista puedes encontrar la opción <Crear un grupo>.

Es importante que antes de crear el grupo busques por si ya hubiera uno igual. En **Encontrar un grupo** se puede filtrar por la relación, por las categorías y por el idioma. También puedes buscar en el directorio de grupos (https://www.linkedin.com/vsearch/g). Una vez que has revisado los grupos y comprobado que no existe, comencemos con el alta.

El primer paso es la inclusión de un logotipo. No es un paso obligatorio pero sí es recomendable incluir una imagen que identifique el grupo. Esto servirá para que las personas que pertenezcan al grupo puedan poner públicamente el logotipo en su perfil, dándole más notoriedad.

Identificar el grupo con Nombre sí es obligatorio, y muy intuitivo de cara a que sea reconocido por el resto de usuarios (pon un nombre que identifique claramente el objetivo del grupo). También hay que informar el Tipo de grupo: antiguos alumnos, corporativo, de conferencia, de networking, sin ánimo de lucro, profesional u otro.

Es aconsejable incluir un Resumen que se va a mostrar en el directorio de grupos, y la Descripción que se muestra en las páginas del Grupo.

Si el grupo tiene un sitio web propio, puedes agregar la URL.

Hay que identificar un propietario del grupo mediante una dirección de correo electrónico.

Acceso: ¿qué tipo de acceso al grupo se desea? Puede ser libre y automático o mediante petición de admisión, configurando además ciertas reglas. Las opciones son múltiples.

Adicionalmente puedes definir el idioma del grupo, dónde se encuentra ubicado y anunciarlo en Twitter.

En esta pantalla puedes ver muchas de las opciones que hemos comentado anteriormente:

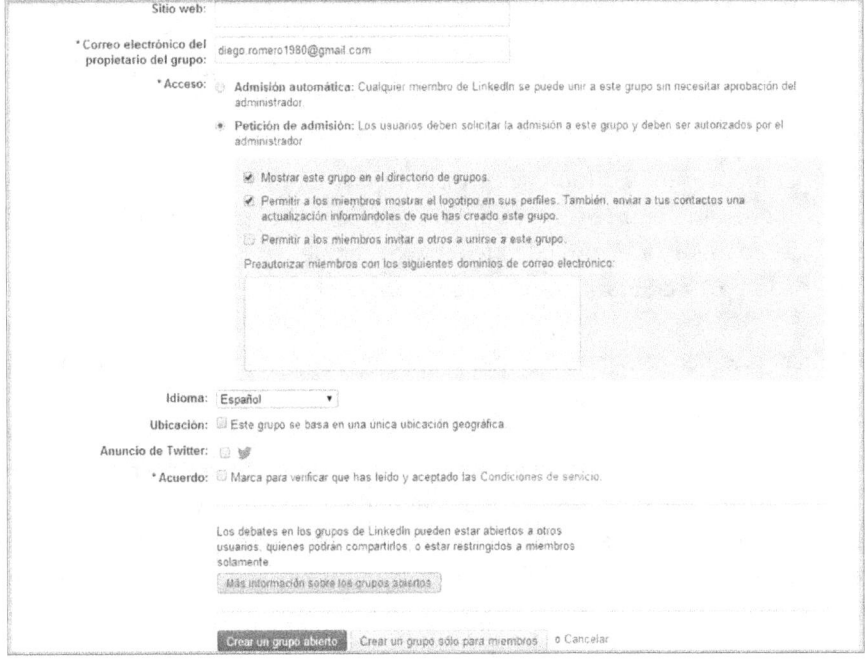

Consejos sobre los grupos

La idea de crear un grupo puede ser por:

- Convertirte en un referente dentro de un área concreto del conocimiento o sector.
- Aumentar tu número de contactos.
- Compartir ideas, dudas y conocimientos sobre temas específicos.
- Si eres una empresa, para aglutinar a los empleados o utilizar el grupo como medio adicional de atención al cliente.
- Compartir e interactuar con tu mercado objetivo.

¿Sabías que las personas que participan en un grupo obtienen cuatro veces más visualizaciones de perfil?

Tener un grupo es una responsabilidad que exige dedicarle tiempo de manera regular, aportar contenidos de calidad y saber motivar a los integrantes a participar en los debates. Una vez creado el grupo puedes consultar las estadísticas del mismo sobre los miembros, su ubicación, antigüedad, sector y otras variables.

⚠ Claves para el éxito de un grupo:

- Elige una temática que te guste y te resulte familiar.
- Ten claros los objetivos para los que lo abres.
- Completa de forma clara y atractiva todos los datos.
- Elige bien el nombre y el logotipo.
- Puedes segmentar el grupo en subgrupos más específicos si lo consideras necesario.
- Pon unas reglas claras de funcionamiento.
- Puedes nombrar moderadores y administradores que te ayuden con tu tarea.
- Decide si quieres un grupo abierto o cerrado, si puede entrar cualquiera o tienes que autorizarles, si todo el mundo puede iniciar debates o solo los administradores, etc.
- Crea plantillas automáticas para dar la bienvenida o rechazar miembros.
- Genera debate. Al principio tendrás que llevar todo el peso de responder a los que se animen a participar.
- Crea encuestas para fomentar la participación.

- El propietario o administrador de un grupo puede enviar mensajes a todos los miembros del grupo pero los miembros del grupo no. Si eres miembro de un grupo, puedes enviar información, horarios y opiniones a los demás miembros del grupo iniciando un debate o enviando un mensaje a un miembro específico del grupo cada vez.
- El propietario, los administradores y los moderadores de un grupo pueden borrar debates o comentarios; incluso echar a miembros en casos extremos.
- No se puede exportar la lista de miembros de un grupo ni sus correos electrónicos.
- Dinamiza la comunidad. Un grupo sin movimiento es un cadáver sin utilidad. Un grupo con actualizaciones frecuentes que incluyan algunas de miembros del grupo es un grupo vivo y que da unos resultados óptimos.

Gestión como administrador del grupo

Como administrador existen varias opciones en la gestión de un grupo, agrupadas en cinco grandes bloques:

1 Bloque primero:

- Cola de envíos: para moderar los nuevos debates.
- Cola de moderación: permite al equipo de gestión del grupo volver a publicar o borrar contenidos del grupo, así como revisar contenidos que han sido marcados por miembros del grupo.
- Petición de admisión: aceptar o denegar la admisión de los nuevos miembros.

2 Bloque segundo:

- Hacer anuncios: puedes crear un anuncio y mandárselo a todos tus miembros.
- Enviar invitaciones: para promocionar tu grupo, invitando a todos tus contactos a unirse a él.
- Preautorizar miembros: esta opción sirve para gestionar invitaciones a contactos que no se encuentran en LinkedIn™.

3 Bloque tercero:

- Participantes: miembros que forman parte de tu grupo.
- Invitados: listado de personas invitadas al grupo y pendientes de aceptar.
- Preautorizados: listado de personas a las que hemos preautorizado a entrar. Estos correos electrónicos serán autorizados automáticamente cuando soliciten unirse al grupo.

4 Bloque cuarto:

- Configuración del grupo: personaliza opciones como funciones de debates y noticias, los permisos (determina qué va a tu cola de solicitudes en función del contenido), las restricciones (determina qué va a tu cola de solicitudes en función de quién envía el contenido), admisión o idioma, ubicación y el correo del propietario del grupo.
- Información del grupo: aquí se trata de la información que configuras cuando creas el grupo. Se puede modificar.

- Reglas del grupo: explica cuáles son las características o restricciones del grupo, sus reglas de funcionamiento.
- Plantillas: para mensajes de petición de admisión, bienvenida a nuevos miembros, rechazo de peticiones de admisión y rechazo con bloqueo de admisiones futuras. Para crearla solo tienes que seleccionar a qué tipo pertenece, crear el mensaje, habilitar el autoenvío y guardar los cambios.
- Subgrupos: listado de subgrupos que tiene este grupo.

5 Bloque quinto:

- Cambiar propietario: modifica el propietario por otro miembro.
- Borrar grupo: aquí puedes eliminar el grupo.
- Crear un subgrupo: los subgrupos son espacios dentro de un grupo donde los miembros pueden colaborar según una función, proyecto, tema, ubicación o cualquier cosa que desees. Cuando creas un subgrupo tienes que configurar todos sus datos.

Por ejemplo, hay grupos sobre un tema concreto que crean subgrupos para tratar el mismo tema en algún idioma distinto del principal (grupo en español sobre comercio exterior con un subgrupo en inglés y otro en francés sobre el mismo tema). Otros crean subgrupos para tratar facetas específicas de la temática principal del grupo (grupo sobre comercio exterior con un subgrupo para comercio con China).

Búsquedas dentro de un grupo y más

Una vez que perteneces a un grupo hay muchas cosas que puedes hacer. Un dato muy importante a tener en cuenta es que, como ya sabrás, no puedes enviar mensajes directos a personas que no sean contacto de primer nivel tuyo salvo que tengas opciones Premium a través de los InMail. Una excepción a esta regla son los miembros de grupos. Si perteneces a un grupo podrás enviar mensajes a sus miembros. Esto, bien usado, es una utilidad increíble a la que se le puede sacar mucho provecho.

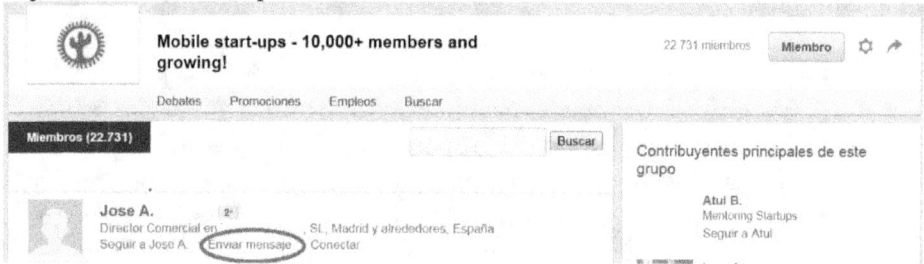

Otra opción es conectar con esa persona directamente desde la lista de miembros del grupo. Está situada justo a la derecha de la de enviar un mensaje.

⚠ También puedes hacer búsquedas dentro de los miembros de un grupo. Para ello, lo primero es entrar en el grupo en cuestión y pulsar sobre la cifra de miembros que te aparece en pantalla arriaba a la derecha.

Entonces te aparecerá la lista de miembros del grupo ordenados por cercanía de contacto a ti. Es decir, primero los contactos de primer nivel, luego los de segundo, etc. En esa lista, arriba a la derecha hay una caja llamada <Buscar>, donde puedes poner la palabra o palabras que quieras y te hará la búsqueda de esas palabras dentro de los miembros del grupo.

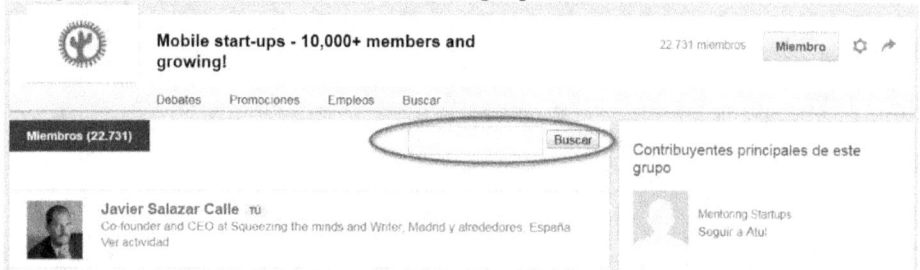

Announcements: correo a tus seguidores

⚠️Una de las opciones más potentes que ofrece LinkedIn™ son los *announcements*. Consiste en la posibilidad de enviar correos a los miembros de los grupos que gestionas. Esta opción ofrece muchas posibilidades tanto a particulares como a empresas.

Desde el punto de vista de empresa hay estudios que demuestran la efectividad de estos correos desde el punto de vista de las ventas.

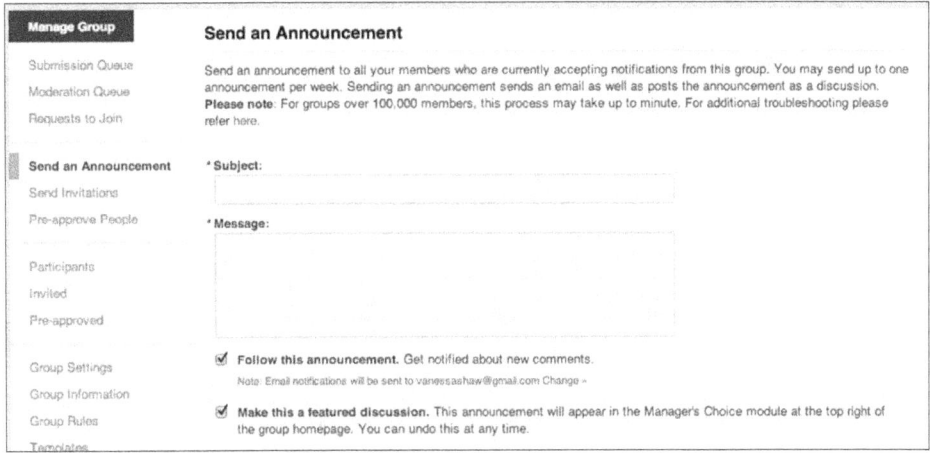

Características de un *announcement*:

- Sólo se puede mandar uno por semana, aprovéchalo.
- No olvides estructurarlo bien: introducción con un saludo, descripción detallada del objetivo del mismo, una llamada a la acción por parte del receptor y una despedida.
- Ten muy presenta el perfil de tu público objetivo y el porqué de tu grupo. Define tus mensajes según esas variables, huye de mensajes comerciales estándar y genera mensajes específicos para ellos.
- Todo el mundo recibe docenas de mensajes comerciales, intenta destacar con un contenido de calidad y una presentación original, Hazlo visible.
- Ten en cuenta los horarios en los que emitas los *announcements*. Evita los fines de semana, LinkedIn™ no es una red de ocio, intenta mandarlos en horario laboral.
- Hazlo interactivo: incluye imágenes, enlaces y todo lo que se te ocurra.

Aprovechamiento de recursos

Búsqueda avanzada de personas

Esta opción es fundamental a la hora de explotar las posibilidades que ofrece LinkedIn™.

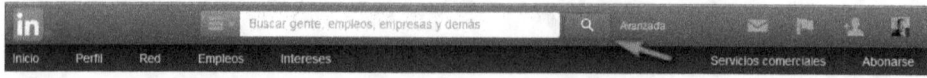

Aquí puedes buscar personas segmentando por muchos factores. Un ejemplo:

Buscar informando "Cargo"=Recursos Humanos; "Código postal"=28033; "Miembros de grupo" → seleccionas esta opción. Así te aparecerán todas las personas que trabajen en Recursos Humanos de ese código postal y que pertenezcan a los mismos grupos que tú, por lo que podrás invitarles a conectar indicando en la invitación que pertenecéis al mismo grupo. De este modo tendrás una buena base de contactos de Recursos Humanos en tu zona con los que contactar cuando los necesites.

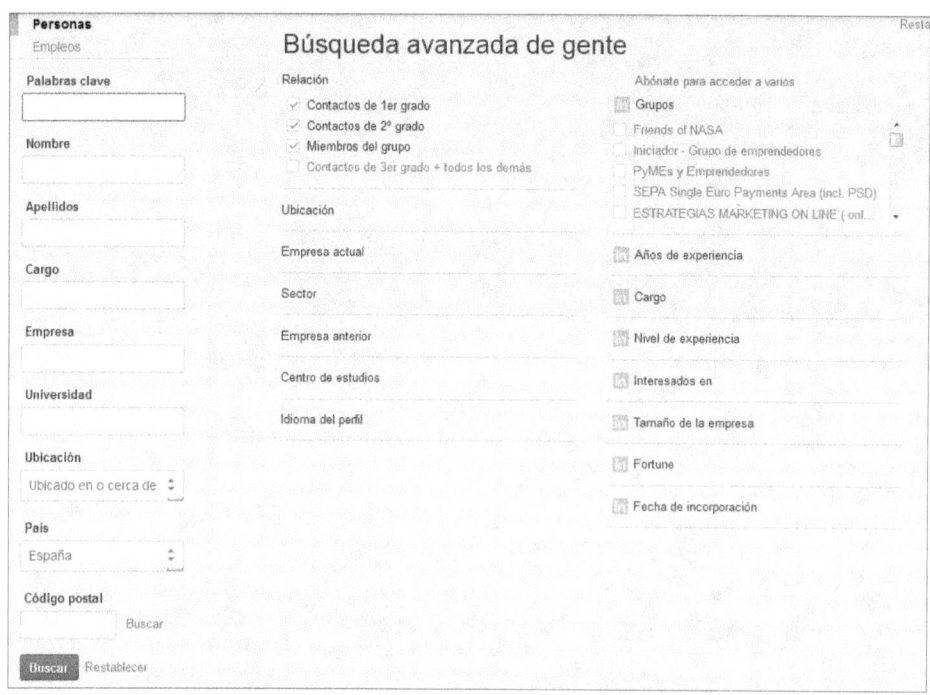

Un buen uso del Sector, del cargo o de la fecha de incorporación (estos dos últimos sólo para perfiles Premium) también abre muchas puertas a segmentar la búsqueda según tus necesidades; pudiendo cerrar el abanico de la misma tanto como necesites o quieras.

⚠️ Otra funcionalidad interesante de las búsquedas es la posibilidad de guardarlas. Esto te puede ahorrar mucho tiempo y aumentará tu productividad usando LinkedIn™.

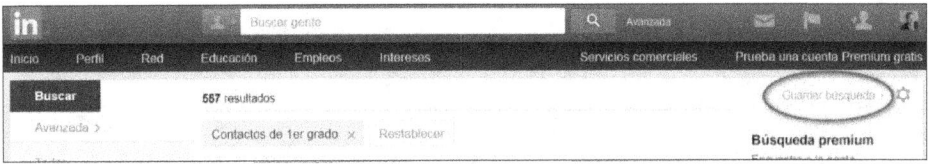

Si hay alguna que hagas de forma más o menos recurrente o que te haya dado buen resultado puedes guardarte la configuración de la misma.

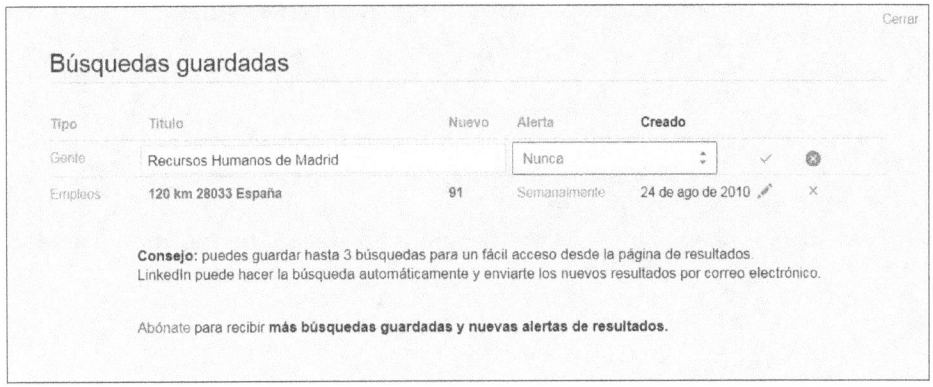

Puedes guardar hasta tres diferentes (cinco si tienes cuenta Premium). Además, también puedes poner alertas semanales o mensuales sobre las búsquedas, de forma que LinkedIn™ te avisa sobre los cambios en los resultados de las mismas con la periodicidad que definas.

Para ver las búsquedas guardadas accede desde la opción de búsqueda avanzada en el icono de rueda de configuración a la derecha de <Guardar búsqueda>. Allí podrás editarlas o eliminarlas si lo consideras oportuno.

Usa LinkedIn como si fueras un experto

Si tienes una alerta guardada con notificaciones. Te llegará periódicamente a tu correo electrónico que tengas configurado en LinkedIn™ avisos sobre los nuevos resultados que cumplan los requisitos de dicha búsqueda.

Como podéis ver en el ejemplo que mostramos, hay 28 nuevos resultados que cumplen los criterios que pusimos antes en nuestra búsqueda "Recursos Humanos de Madrid" en la semana del 5 de marzo al 12 de marzo. Desde el correo puedes acceder a los nuevos perfiles encontrados e interactuar con ellos.

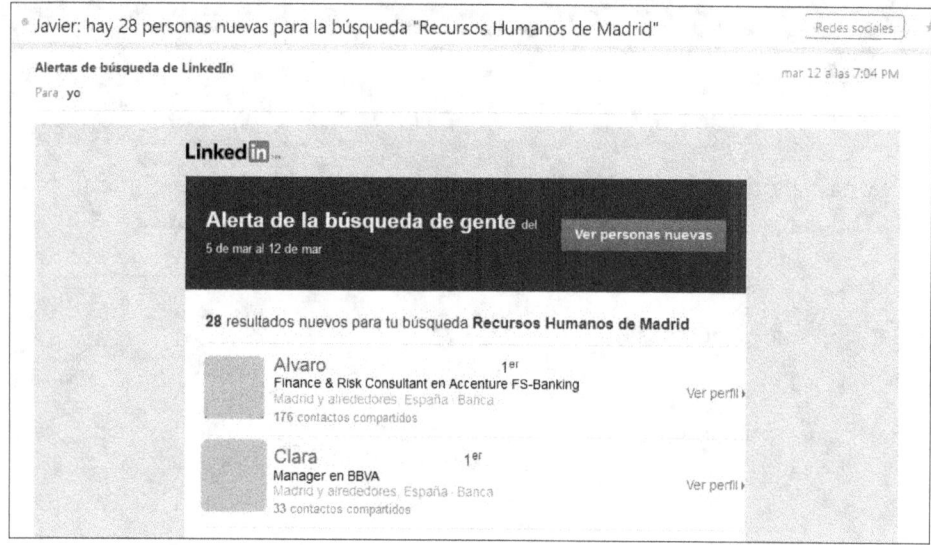

Búsqueda booleana

En cualquiera de los lugares de la página de LinkedIn™ donde puedes buscar algo (en la búsqueda de la parte superior de la página principal; en la búsqueda avanzada de personas en las palabras clave, puesto, empresa, nombre…) puedes utilizar operadores booleanos para afinar más aún tus indagaciones.

¿Cuáles son y cómo se utilizan?:

- "…": las comillas indican que lo que se encuentre dentro de las comillas tiene que aparecer exactamente como lo pone. Por ejemplo: si buscamos "Diego Romero" aparecerán todos los Diegos Romeros de LinkedIn™ (Diego Romero Sánchez, Diego Romero Pérez…).

- AND: sirve para añadir. Si queremos buscar algo que contenga obligatoriamente varias palabras usaremos este booleano. Por ejemplo: Diego AND Romero. Con esta búsqueda te aparecerán todas las personas que tengan la palabra Diego y la palabra Romero en su nombre, independientemente del orden (Diego Sánchez Romero, Pablo de Diego Romero, Javier Romero Diego…) LinkedIn™ asume por defecto que hay un AND aunque no lo pongas si pones más de una palabra en la búsqueda.

- OR: sirve para buscar una de las opciones. Los resultados tendrán al menos una de las palabras. Por ejemplo: Diego OR Romero. Aparecerán todos los Diegos Romeros, todos los Diegos y todos los Romeros (Diego Romero Sánchez, Diego Rodríguez, Juan Romero…).

- NOT: sirve para excluir. LinkedIn™ eliminará de los resultados aquellos datos que contengan los términos excluidos. Por ejemplo: Diego NOT Romero. Aparecerán todos los Diegos que no sean Romero (Diego Rodríguez, Pablo de Diego Sánchez…).

- (…): si usas varios operadores booleanos a la vez sirve para delimitar el ámbito de efecto de cada uno. Por ejemplo: (Diego OR Javier) AND Romero NOT (Sánchez OR González). Los resultados incluirán aquellas personas que en el nombre tengan Javier o Diego, que además tengan Romero y que no tengan ni Sánchez ni González (Diego Rodríguez, Pablo de Diego Salazar Romero, Javier Romero Pérez…).

Algunos ejemplos de búsquedas (recomendamos que pruebes con estos ejemplos o con otros que se te ocurran para ver el potencial de las búsquedas con este tipo de operadores):

- Queremos localizar a un <u>antiguo compañero de trabajo</u> que recordamos que se llamaba Pedro Pérez y que se su segundo apellido era Sánchez o González. En la búsqueda de la parte superior de la página principal ponemos:

    "pedro perez" AND (sanchez OR gonzalez)

- Buscamos a un <u>experto en Java y SQL</u> que haya trabajado o trabaje en Squeezing the minds o en Accenture. En la búsqueda avanzada de personas en *Palabras clave* ponemos:

    Java AND SQL

    y en la empresa ponemos *Actual o antiguo* y el siguiente texto:

    Squeezing the minds OR Accenture

- En la búsqueda avanzada de personas buscamos a una persona de <u>Recursos Humanos del sector banca en Madrid</u>. En la búsqueda avanzada de personas en *Palabras clave* ponemos:

    Recursos Humanos OR rrhh

- En País elegimos España, un código postal de Madrid (28033 por ejemplo) y *A menos de distancia* de 80 kilómetros.
- En *Sector* elegimos *banca* y *servicios financieros*.

Gestionar contactos I: etiquetar, ver por tipologías

Accede a tus contactos en el menú <Red> seleccionando <Contactos>. Desde esa opción podrás:

- Seleccionar uno o más contactos y etiquétales o desetiquétales. Por ejemplo: Recursos Humanos, Biología, Conocidos, etc. LinkedIn™ pone algunas etiquetas por defecto, que puedes mantener o eliminar. También puedes crear tus propias etiquetas.
- Eliminar uno o más contactos.
- Buscar entre tus contactos agrupados por diversas opciones: etiquetas, empresas, ubicaciones, apellidos, actividad reciente y origen.
- Enviar un mensaje a uno o más contactos.
- Invitar a ser contactos tuyos en LinkedIn™ a tus contactos de los diferentes gestores de correo electrónico (Yahoo, Gmail…). Esta opción busca entre los correos de tu agenda aquellos que estén dados de alta en LinkedIn™ para que conectes con ellos. También tienes la opción de seleccionar los contactos que no tienen LinkedIn™ para invitarlos a darse de alta y conectar contigo.

Gestionar contactos II: configuración e información de contacto

CONFIGURACIÓN

Dentro de la opción de <Red>, en la parte superior derecha de la pantalla, hay dos opciones muy interesantes:

- Un icono para invitar a más contactos.

- Un icono de configuración de contactos, en el que podrás:
    - Cambiar tu zona horaria.
    - Sincronizar LinkedIn™ con tu correo electrónico y otras aplicaciones (incluyendo calendarios).
    - Exportar todos tus contactos en formato .csv → de este forma puedes luego cargarlos en un correo electrónico o en otra red social e incluso trabajar sobre el archivo para extraer información útil.
    - Importar listas de correos en formato .csv para añadirlos a tus contactos o invitarlos a conectar.

INFORMACIÓN DE CONTACTO

Cuando estás en el perfil de un contacto, entre el bloque donde está la foto y la cabecera de su perfil y el extracto, aparece la opción <Información de contacto>. En este punto, y siempre que lo haya informado, podrás ver los siguientes datos:

- Correo electrónico.
- Fecha de nacimiento.
- URLs de LinkedIn, Twitter y página web.
- URLs de mensajería (Skype, Messenger, AIM, Gtalk...).
- Dirección y teléfono.

Además podrás editar la información del contacto y completarla con notas propias.

Gestionar contactos III: desde el perfil

Al visitar el perfil de un contacto tuyo, junto a la <Información de contacto> aparece la opción <Relación> (<Relationship>, en inglés). Al acceder podrás:

- Dejarle una nota que te sirva como recordatorio de cualquier dato que necesites.
- Poner una aviso configurando cuándo quieres que te salte.
- Indicar cómo os conocisteis y quién os presentó.
- Etiquetar ese contacto (luego en tu lista de contactos, puedes filtrar por las etiquetas que tengas definidas).

Además verás la fecha desde la que estáis conectados.

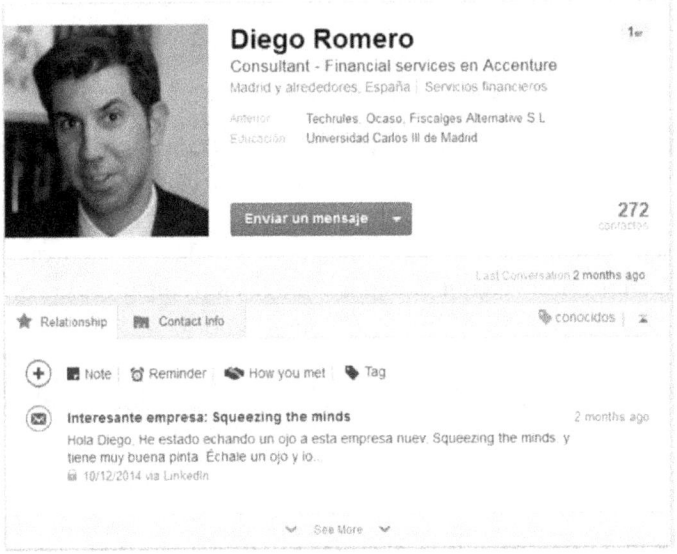

Añadir contactos

Puedes invitar a conectar en LinkedIn™ a tus contactos de los diferentes gestores de correo electrónico (Yahoo, Gmail, Outlook o cualquier otro correo electrónico) con las opciones anteriormente comentadas.

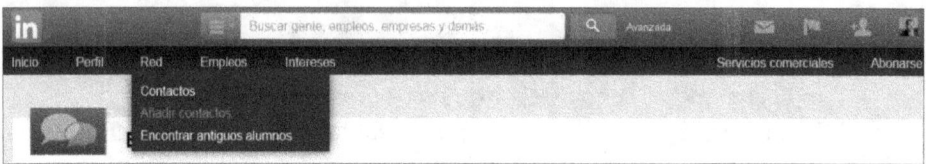

También, seleccionando <Cualquier otro correo electrónico> te aparecen las opciones:

- Cargar archivo de contactos: desde aquí puedes cargar un .csv con las direcciones de correo que tengas.

- Invitar por correo electrónico individual: aquí indicarás una serie de correos separados por "," e invitarles a conectar.

⚠Un consejo: envía siempre un mensaje personalizado para que la persona que reciba la invitación vea que tienes interés real en ser su contacto.

¿Es interesante el posible contacto?

Una de las cosas que son importantes a la hora de contactar con alguien en LinkedIn™ es saber si te interesa o no tenerlo como contacto (salvo que hayas optado por una estrategia de extensión de red de contactos masiva). Para ello hay varias variables que se pueden tener en cuenta y que dependen totalmente del objetivo que tengas:

1. ¿Trabaja en un sector que te interesa?
2. ¿Pertenece al departamento de Recursos Humanos o a una consultora de Recursos Humanos?
3. ¿Te puede abrir la puerta a otro contacto interesante?
4. ¿Tiene algún conocimiento específico que podrías necesitar?
5. ¿Utiliza LinkedIn™ con frecuencia?
6. ¿Es algún excompañero que puede referenciarte o recomendarte?
7. ¿Es un referente en su área?
8. ¿Es un antiguo compañero de estudios con el que quieres retomar contacto?
9. ¿Ha trabajado o trabaja en alguna empresa que te interese o de la que te interese saber algo?
10. […]

Una de las cosas que puedes verificar sobre un posible contacto es su antigüedad en la red. Para ver esto tienes que buscar a esa persona en LinkedIn™ y en la línea del navegador donde se ve la URL donde estás pondrá *"https://www.linkedin.com/profile/view?**id=17360242**&authType=..."*. El número que pone detrás de "id" es el orden en que se dio de alta en LinkedIn™ respecto al resto de usuarios. En este caso, Diego es el usuario 17.360.242 y Javier el usuario 28.299.942 de LinkedIn™.

Usa LinkedIn como si fueras un experto

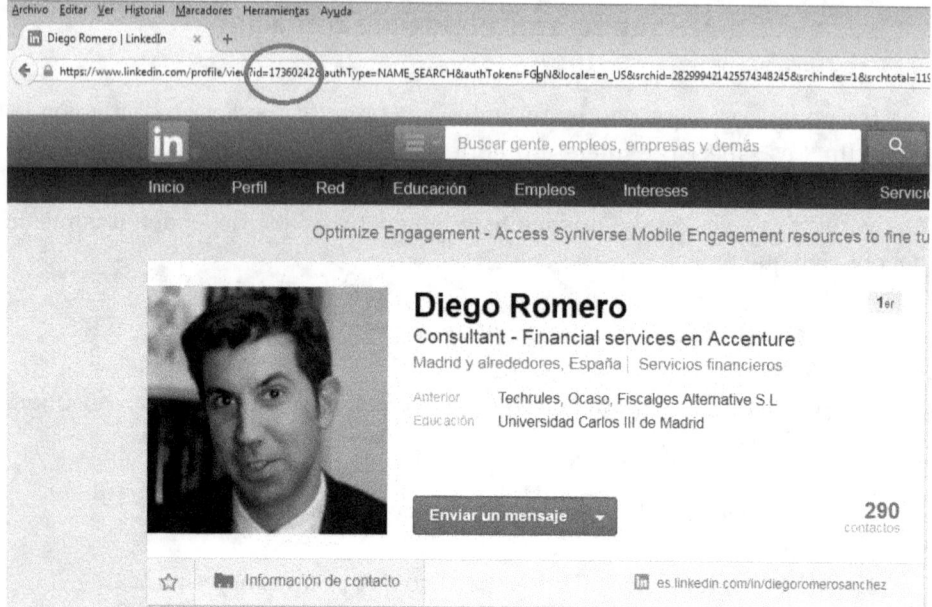

¿Y cómo usar este número? Si miras en el gráfico con el crecimiento de usuarios de LinkedIn™ del principio del libro de la sección "Cifras sobre LinkedIn" podrás saber el año en el que esa persona se dio de alta en LinkedIn™.

En el caso de Diego es el usuario diecisiete millones y LinkedIn™ cerró 2007 con quince millones de usuarios y 2008 con treinta y tres millones, por lo que se dio de alta en la red en 2007. Por la misma razón Javier también se dio de alta el mismo año, pero un poco más tarde. Esto sitúa a ambos entre el 6% de usuarios más antiguos de LinkedIn™.

Uso del buzón: funcionalidades

Desde el buzón de LinkedIn™ puedes hacer varias cosas:
- Aceptar invitaciones recibidas pendientes.
- Escribir un correo hasta a 50 contactos a la vez. Cuando haces esto te aparece un check con el texto *"Permitir a los destinatarios ver los nombres y correos electrónicos de todos"* a marcar si no quieres que los destinatarios se puedan ver entre ellos. Nosotros aconsejamos encarecidamente hacerlo porque hay mucha gente que se enfada, y con razón, si compartes sus datos con 49 desconocidos. Salvo que los destinatarios se conozcan y quieres que sepan que has mandado el correo a los demás, señala la opción de ocultarse entre ellos. Además, si no usas esta opción la impresión que das es más de correo masivo y menos de correo personalizado.
- Leer los correos recibidos y responderlos.
- Marcar un correo como no deseado.
- Ver el histórico de correos borrados, recibidos y enviados.
- Ajuntar archivos a los mensajes (nueva funcionalidad de 2015).

Dentro del buzón puedes filtrar los mensajes por:
- No leídos
- Marcados
- Bloqueados
- InMail

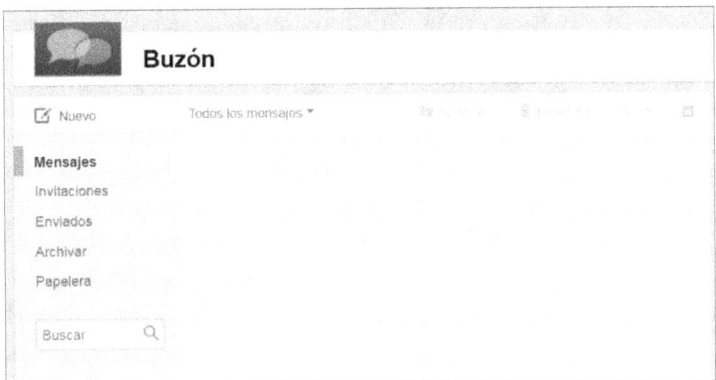

Cuando tienes un correo pendiente de leer te aparece en el área de notificaciones en la parte superior derecha de tu perfil.

Pulsando sobre el símbolo del sobre se abre tu buzón de correo.

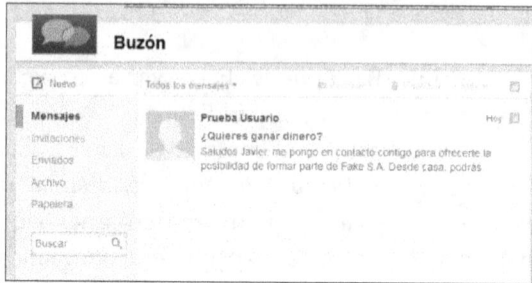

Seleccionas el correo que quieres leer y se te abre.

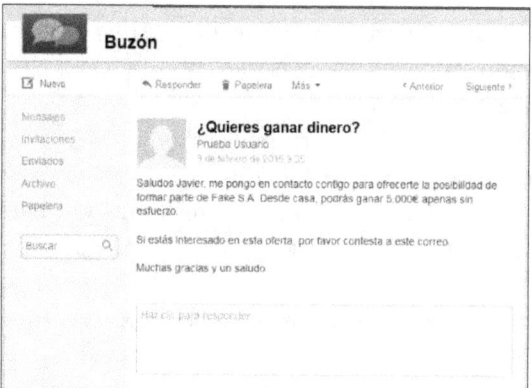

⚠Un fenómeno del que LinkedIn™ no escapa es el spam. Según tengas más contactos pueden llegarte más de este tipo de correos. Si lo es, no lo dudes. Márcalo como no deseado y ayuda a LinkedIn™ a detectarlos y eliminarlos.

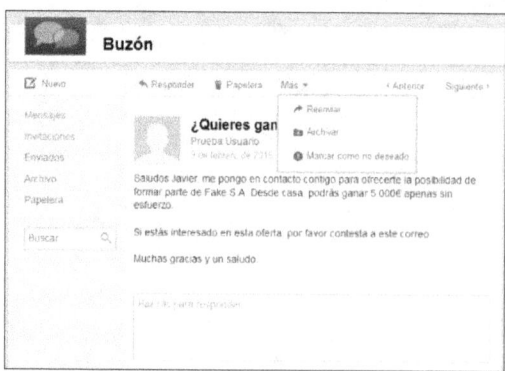

Uso del buzón: gestionar las invitaciones

Cuando recibes invitaciones para conectar LinkedIn™ lo indica en el panel superior en el icono del perfil de una persona poniéndote el número de invitaciones que tienes pendientes de responder.

Para gestionarlas pulsa en el icono del buzón y luego en la opción de <Invitaciones>. Te aparecerán todas las invitaciones pendientes. Las acciones que puedes hacer son: <Aceptar> si quieres que esa persona sea contacto tuyo o <Ignorar> en caso contrario.

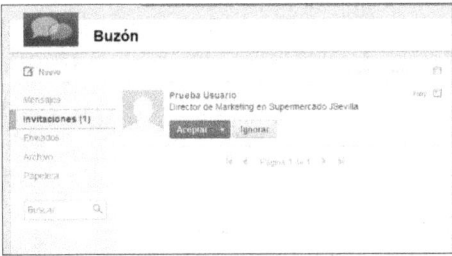

Si has pulsado en <Ignorar> puedes elegir dos opciones:
- Seleccionar la opción de que no conoces a la persona que te invitó. Si alguien recibe muchas de estas respuestas LinkedIn™ le retira la posibilidad de seguir invitando.
- Seleccionar la opción de que es correo no deseado. LinkedIn™ investigará al perfil y si se está usando de forma ilegal (para spam por ejemplo) dará de baja el perfil.

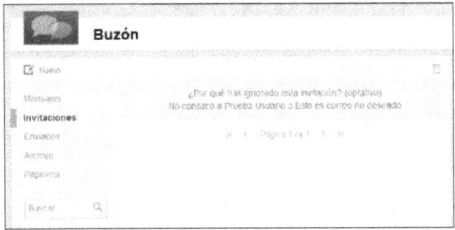

Uso del buzón: uso óptimo

El buzón hay que gestionarlo de forma correcta para obtener los resultados esperados. Unos consejos:

- Mantén la bandeja de entrada lo más limpia posible, solo con los nuevos correos recibidos y aquellos en los que tengas que hacer una acción (responderlos, que te recuerden algo…).
- Archiva los correos que ya hayas leído y te pueda interesar ver en algún momento (opción "Archivar").
- Borra aquellos que ya no te interesen (opción "Papelera").
- Puedes seleccionar varios o incluso todos y realizar acciones masivas sobre ellos (cualquiera de las anteriores).
- ⚠ Si escribes un correo a varias personas no olvides siempre deseleccionar el check que aparece debajo de la caja de texto con la frase "Permitir a los destinatarios ver los nombres y correos electrónicos de todos". Si no tienes el check seleccionado cada persona recibirá el correo como si fuera la única destinataria y no podrán ver los correos de los demás.

Notificaciones

En la parte superior derecha de la pantalla inicial, LinkedIn™ te muestra el área de notificaciones que sirve de recordatorio de acciones que tienes pendiente de hacer; donde podrás ver:

- Los correos pendientes de leer. Si seleccionas el icono del sobre se abrirá el buzón y podrás leerlos, borrarlos, responderlos o lo que consideres oportuno.

- El movimiento de tu red: respuestas a debates en los que participas, contactos que han validado tus aptitudes y conocimientos, nuevos contactos, personas que han visto tu perfil (de forma limitada con la versión gratuita de LinkedIn™), nuevas entradas de blogs de personas influyentes a las que sigues, etc.

Revísala con frecuencia para mantenerte informado de la actividad de tu entorno y para responder en tiempo y forma a quien creas que debes.

Intereses

Ubicado en el menú principal, tienes varias opciones (siendo las dos primeras las más interesantes, desde nuestro punto de vista):

- <Empresas>: puedes ver el listado de empresas que estás siguiendo y sus actualizaciones. Desde aquí puedes dejar de seguir a alguna de ellas.

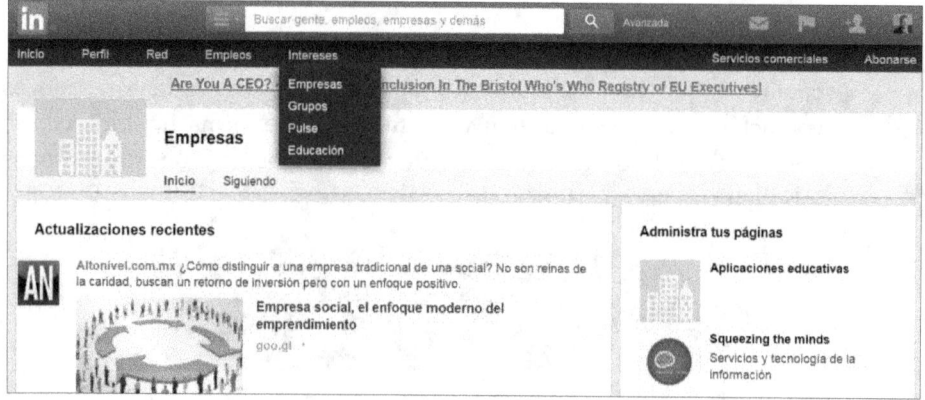

- <Grupos>: en esta opción puedes ver los grupos a los que perteneces y si tienen debates o empleos activos. La estructura de cada grupo varía según haya sido configurado por el administrador, pero muchos de ellos tienen una pestaña específica de empleo. Puedes entrar en un grupo para ver la actividad o participar en ellos.

- <Pulse>: aplicación de noticias profesionales personalizable.

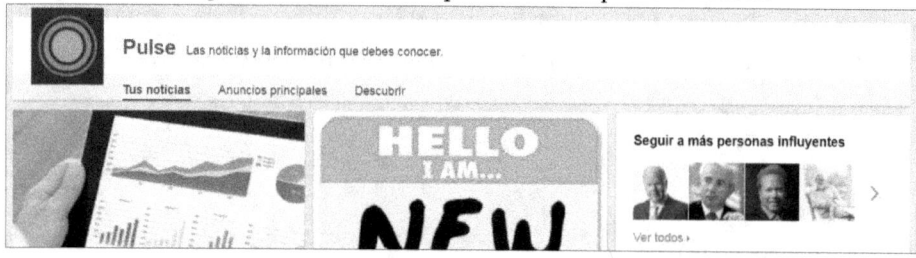

- <Educación>: aquí el foco está en los estudios. Puedes buscar compañeros de carrera, ir preparando tu perfil si eres estudiante, ver datos de universidades, etc.

¿Quién ha visto tu perfil?

Con esta importante funcionalidad que ofrece LinkedIn™ vas a poder saber quién ve tu perfil y desde dónde llegan a él. Utilizando esta información con inteligencia, potenciarás aquello que veas que funciona para ti a la hora de hacerte visible y destacar.

Para llegar a esta opción, en la página principal de LinkedIn™, en la columna de la derecha, a mitad de página está la opción de <Quién ha visto tu perfil>

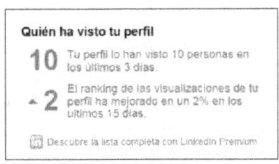

Al pulsar te sale una pantalla con varias pestañas que informan:

- Visualizaciones del perfil en las últimas semanas. Aquí ves la variación de las visitas a tu perfil por semanas, las acciones que has realizado dentro de la red social y los nuevos contactos que has conseguido.

- Visualizaciones de personas que te encontraron por búsquedas. Esto es muy útil porque te permite saber qué cosas de tu perfil atraen a las personas (palabras clave, aptitudes, extracto…) y desde dónde llegan a ti (una web, la propia aplicación de LinkedIn™, búsquedas…).

Usa LinkedIn como si fueras un experto

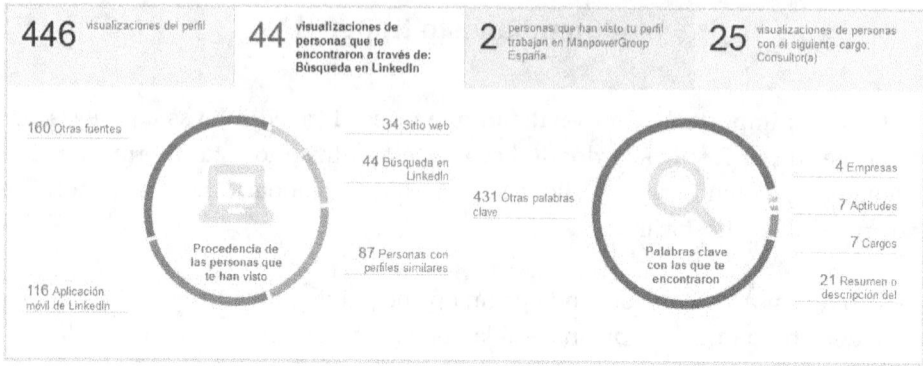

- Visualizaciones por empresa y ubicación.

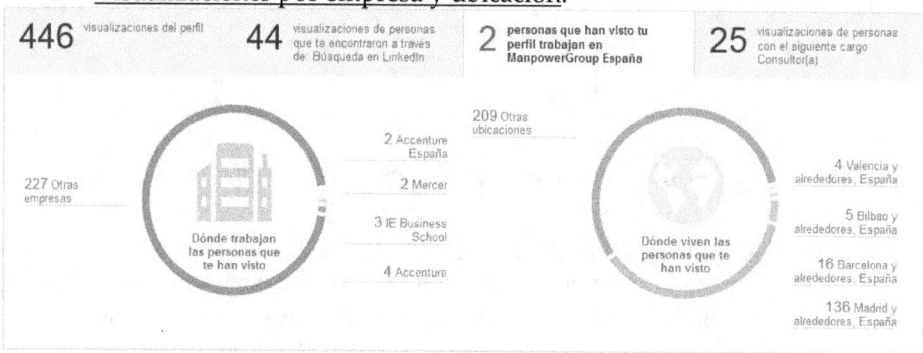

- Visualizaciones por cargo y sector.

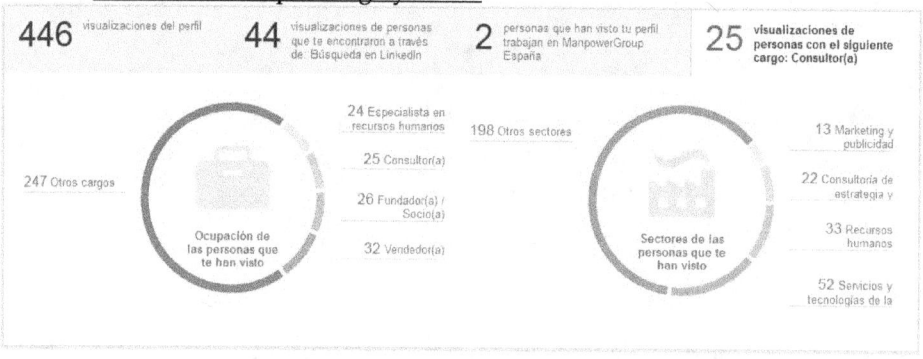

Además, debajo de estos gráficos aparecen consejos para mejorar tu visibilidad y te detalla alguna de las personas que han accedido a tu perfil (para ver la lista completa hay que tener LinkedIn™ Premium).

Usa LinkedIn como si fueras un experto

Crear una insignia

Las insignias son los botones con lo que puedes promocionar tu perfil en webs, firmas de correo, blogs, etc. Cuando alguien pulse en la insignia, se le abrirá tu perfil de LinkedIn™.

- Se accede desde tu perfil, sobre el botón de <Editar perfil>, en el menú desplegable selecciona <Gestionar la configuración del perfil público>.
- En la columna de la derecha baja hasta encontrar la opción <Insignias de perfil> y pulsa sobre <Crea una insignia de perfil>.

- Aparecen todos los modelos de insignias que ofrece LinkedIn™.

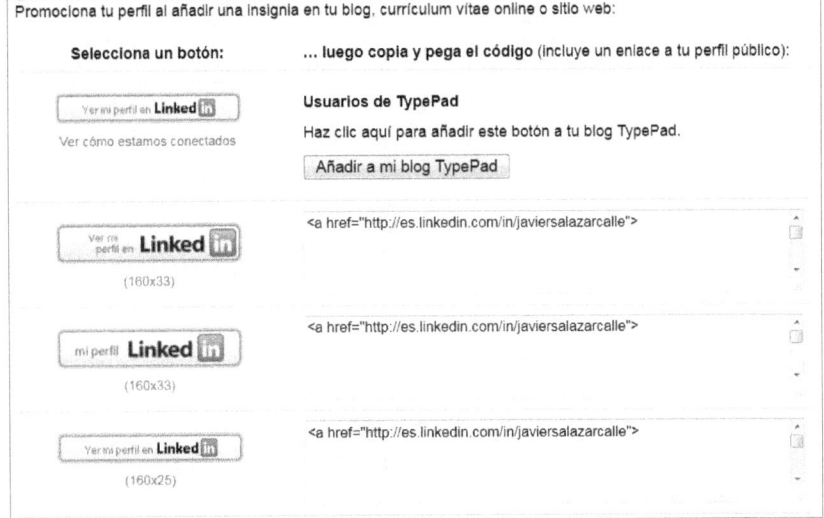

- Elige el que más te guste, bájate la imagen, súbelo a tu web, blog, etc y le pones el enlace que aparece a su derecha:
    <a href="http://es.linkedin.com/in/javiersalazarcalle">
- Cada vez que alguien pinche en el botón, la insignia, accederá a tu perfil de LinkedIn™.

Es una opción muy interesante para generar tráfico cruzado con otras páginas que tengas.

Insertar tu perfil en tu blog

También puedes poner un widget oficial de LinkedIn™ en lugar de una insignia. Para ello:

- Lo primero es acceder a la página de desarrolladores de LinkedIn™ (https://developer.linkedin.com/plugins/member-profile-plugin-generator?button-type-inline=true). Está en inglés y es muy sencilla de utilizar.
- Selecciona el widget que más te guste (completo, con icono y nombre, solo icono…). Personalmente nos gusta más el completo sin mostrar las conexiones.

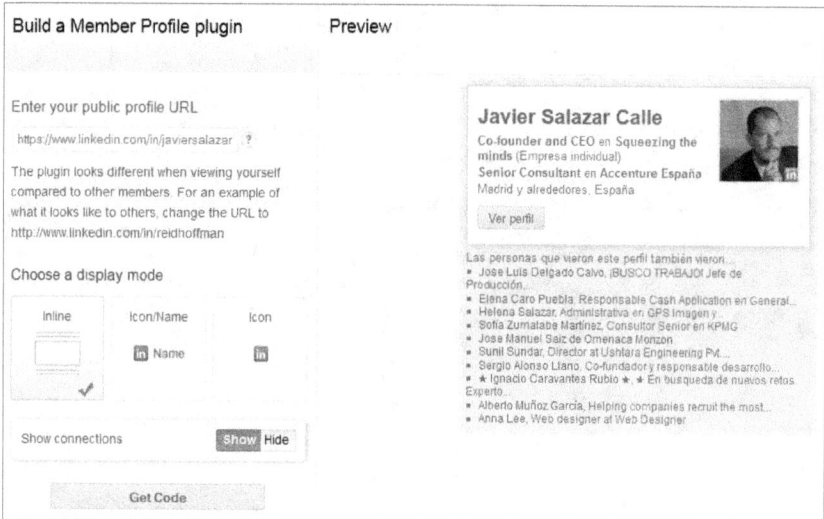

- Pulsa sobre <Get code> y aparecerá el código a utilizar en tu blog. ¡Ya está!, ¡a promocionarte!

- Si seleccionas la opción de icono/nombre o icono, puedes elegir que sea <On over>, muestra información al pasar el cursor por encima del botón, o <On click>, lleva directamente al perfil.

Exportar los contactos de LinkedIn

Para poder exportar los contactos de LinkedIn™ los pasos son:

- Desde la pantalla inicial, en <Red> selecciona <Contactos>, y en la parte superior derecha de la pantalla, pulsa la rueda de *Settings*.

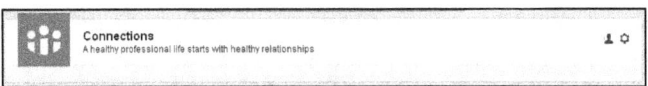

- Selecciona la opción <Export LinkedIn Connections>.

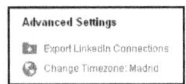

- Elige el tipo de archivo a exportar (el más común es el formato Microsoft Outlook) y pulsa <Exportar>.

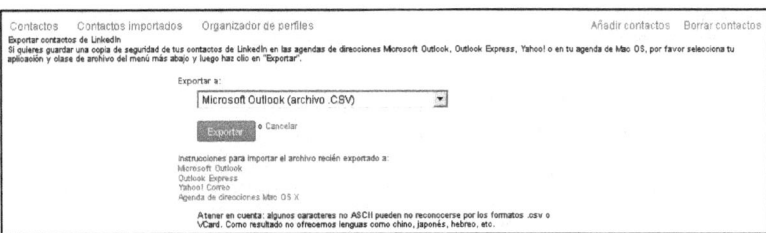

- Selecciona la ruta donde quieres guardar el archivo.

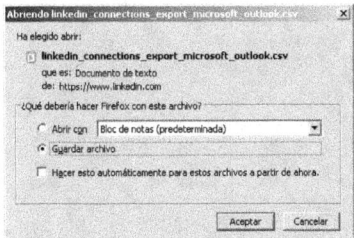

- Con esto obtendrás un archivo.csv con la información de tus contactos que puedes tratar tanto en un procesador de textos como en una hoja de cálculo.

Cómo ganar visibilidad: hazte ver

Aquí van algunos consejos para ganar visibilidad:

1. Completa tu perfil al 100% y mantenlo actualizado. Incluye imágenes, vídeos y presentaciones.
2. Crea el perfil en varios idiomas (se permiten hasta 24 diferentes). Cada idioma es una URL nueva que te posiciona en la red.
3. Facilita la búsqueda a los demás con una gestión correcta de palabras clave. Haz hincapié en aquellas por las que quieres que te encuentren.
4. Incluye tu URL en la firma de tus emails, en tu blog y en otras redes sociales para generar tráfico cruzado.
5. Conéctate regularmente, varias veces por semana, y genera movimiento.
6. Envía invitaciones para conectar o correos a las personas que te puedan interesar.
7. Comparte noticias y enlaces interesantes tanto en el muro principal como en los grupos específicos de cada tema.
8. Participa en los debates de los grupos a los que perteneces. Conviértete en un referente en ese grupo.
9. Crea una página de tu empresa y gestiónala adecuadamente: con contenidos interesantes para el público objetivo, promocionando eventos, haciendo encuestas, etc.
10. Crea tu propio grupo y gestiónalo de forma activa e inteligente: con contenidos interesantes para el público objetivo, ofertas de empleo del sector o generando debates.

¿Cantidad o calidad en los contactos?

Es un eterno debate que no tiene respuesta fija y cuya respuesta varía según a quién le preguntes. Depende de los objetivos que te propongas.

Cantidad ⚖ *Calidad*

Cantidad	Calidad
Cualquier contacto es potencialmente bueno. No sabes a quién te abrirá las puertas o qué puedes necesitar en el futuro.	Te interesa estar en contacto con gente que te entienda, que sepa de lo que hablas cuando agregues una entrada.
Es difícil decidir a quién sí o a quién no salvo que te pongas un criterio objetivo muy estricto.	Selección de contactos de sectores de tu interés o de perfiles que puedan posicionarte en las búsquedas.
Cuando gestiones bien tu perfil recibirás muchas invitaciones a conectar. Si han mostrado ese interés, ¿no estarás perdiéndote algo diciendo que no?	Puedes querer enfocarte en un objetivo y no en dispersar esfuerzos.
Si lo que buscas es trabajo, céntrate primero en contactar con personal del departamento de Recursos Humanos de las empresas, sobre todo del sector que te interesa.	LinkedIn aconseja que solo invites a profesionales que conoces. Si te rechazan en muchas invitaciones te bloquean la posibilidad de aumentar tu red (aunque ese bloqueo se puede levantar si se lo pides a LinkedIn).
Enviar muchas invitaciones hace que tu perfil tenga mucha visibilidad. Si vas a hacer una estrategia de crecimiento rápido, asegúrate primero que tu perfil está completo y preparado para tanta mirada inquisitiva. Sácale brillo antes de ponerlo a la venta.	Si creces muy rápido antes de que tu perfil merezca la pena estarás perdiendo oportunidades de que lo visiten en el momento adecuado.
Si solo contactas con conocidos: ¿van a ofrecerte algo nuevo desde el punto de vista profesional? En LinkedIn vendes tu imagen, ¿es necesario venderla a tu círculo más cercano?	El círculo más cercano es el que puede fortalecer tu perfil: recomendaciones, consejos o presentaciones de gente interesante.

Según los datos que proporciona LinkedIn™ sobre el número de contactos que tienen los usuarios:

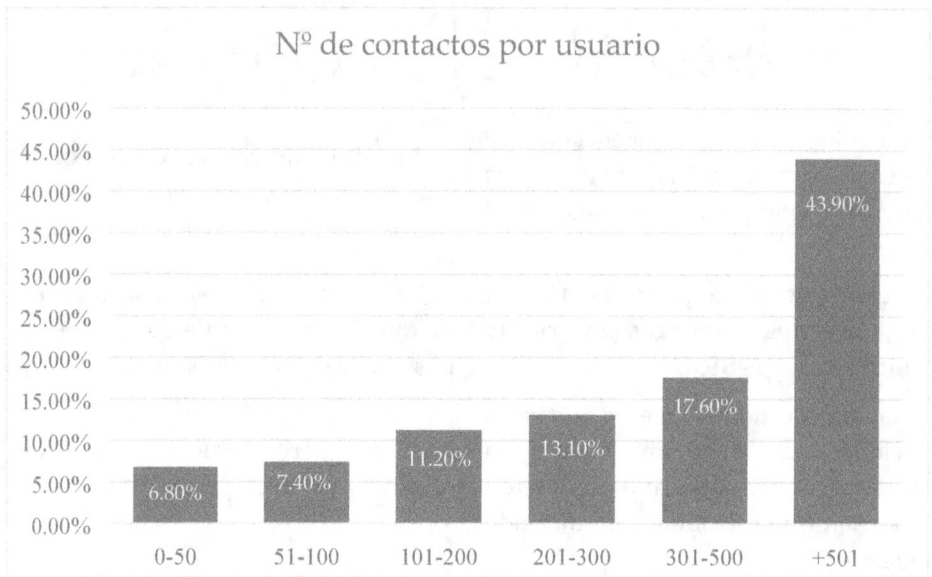

De estos datos se deduce claramente que la mayoría de los usuarios piensan que cuanto más contactos mejor. Tu estrategia tiene que adaptarse a tus objetivos pero, elijas la opción de Cantidad o la de Calidad, hay un mínimo de contactos por debajo del cual tu red es tan pequeña que el impacto de lo que hagas será mínimo.

En el uso más restrictivo no aconsejamos menos de 100-200 contactos. Por mucha Calidad que estos tengan.

Búsqueda de empleo

Búsqueda de empleo: ¿cómo?

Desde la opción de menú <Empleos> puedes ver las ofertas de empleo publicadas en LinkedIn™. Utiliza la <Búsqueda avanzada>, así podrás filtrar por sector, funciones, localización y palabras clave. En <Más opciones> se abre aún más el abanico de filtros de búsqueda posibles como la fecha del anuncio, empresa o nivel de experiencia exigido.

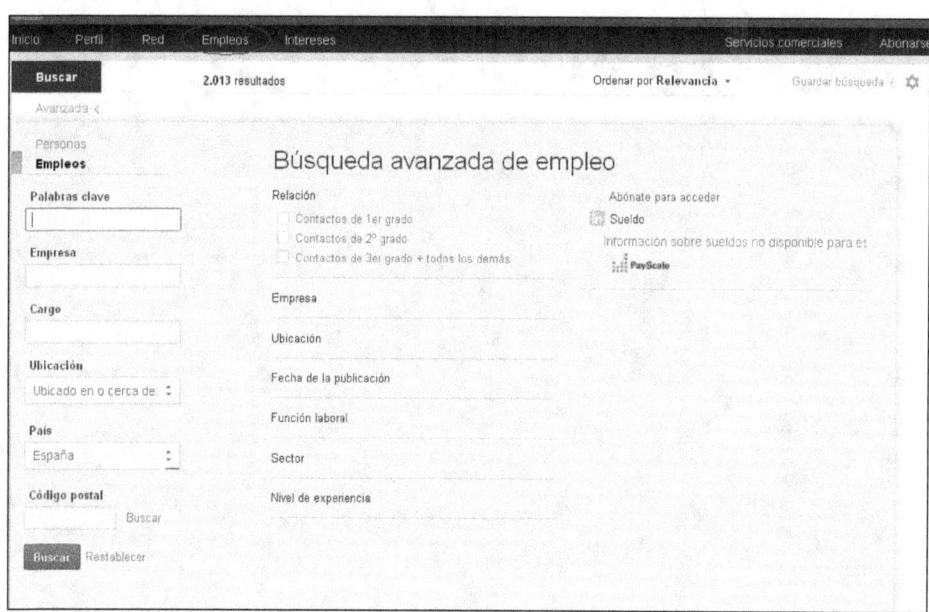

Cuando lanzas la búsqueda se muestran todos los trabajos que cumplan con los criterios marcados, entonces puedes seleccionar uno a uno los que te parezcan interesantes para obtener más información. Al hacerlo, podrás ver el detalle del puesto, las aptitudes y conocimientos deseados por el reclutador, número de personas apuntadas a la oferta, datos de la empresa oferente del puesto y otros puestos similares que se estén ofertando en ese momento en LinkedIn™.

Desde las ofertas puedes aplicar, guardarlas, enviarlas a un contacto o ver quién de tu red te relaciona con la persona que puso la oferta. Esta última opción te permite contactar directamente con personas de tu red que pueden ayudarte en el proceso de selección.

Para apuntarse a una oferta tan solo hay que pulsar en el botón <Solicitar ahora> situado justo debajo del nombre del puesto. También hay secciones propias con ofertas de empleo en algunos de los grupos, sobre todo en los de Recursos Humanos. Otra opción permitida es guardar las búsquedas hechas para reutilizarlas en el futuro.

Igualmente es posible mandar directamente un correo desde el buzón ofreciendo tu candidatura espontánea. Puedes añadir hasta cincuenta destinatarios por correo, lo que acelerará el proceso. Eso sí, no olvides desmarcar siempre el check que aparece debajo de la caja de texto con la frase "Permitir a los destinatarios ver los nombres y correos electrónicos de todos". Si no tienes el check seleccionado cada persona recibirá el correo como si fuera la única destinataria y no podrán ver los correos de los demás. Si lo dejas seleccionado cada uno de los receptores verá a los demás, tu imagen no quedará como esperabas.

Búsqueda de empleo: habilidades

¿Cuáles son las 25 habilidades más buscadas e influyentes a la hora de contratar candidatos entre las empresas en 2014? Aquí las tienes:

1. Análisis estadístico y minería de datos
2. Middleware e integración de software
3. Gestión de sistemas de almacenamiento
4. Seguridad de la Información
5. Marketing SEO/SEM
6. Inteligencia de Negocios
7. Desarrollo Móvil
8. Arquitectura y desarrollo web
9. Diseño de Algoritmos
10. Programación con Perl/Python/Ruby
11. Ingeniería y almacenamiento de datos
12. Gestión de campañas de marketing
13. Sistemas Mac, Unix y Linux
14. Diseño de Interfaces de Usuario
15. Reclutamiento
16. Marketing on-line y digital
17. Animación Digital y Gráfica
18. Economía
19. Programación en Java
20. Marketing de canales
21. Sistemas SAP ERP
22. Diseño de circuitos integrados
23. Lenguajes de script de shell
24. Desarrollo de videojuegos
25. Virtualización

De estos datos sacamos tres conclusiones:

- Las habilidades tecnológicas son muy valoradas, pero también las más tradicionales como mecánicos, electricistas y materiales de ingeniería en muchos países.
- Estamos en un mundo basado en datos.
- Sube el vendedor técnico y el marketing on-line.

Búsqueda de empleo: palabras más buscadas

¿Cuáles son las 10 palabras más buscadas en LinkedIn™ en 2013? Son las siguientes:
- Responsable
- Estrategia
- Creativo
- Efectivo
- Paciente
- Experto
- Organizacional
- Innovador
- Analítico

¿Qué diferencias hay respecto a 2012?, ¿cuál es la tendencia?. Algunas palabras permanecen, otras salen y entran nuevas:

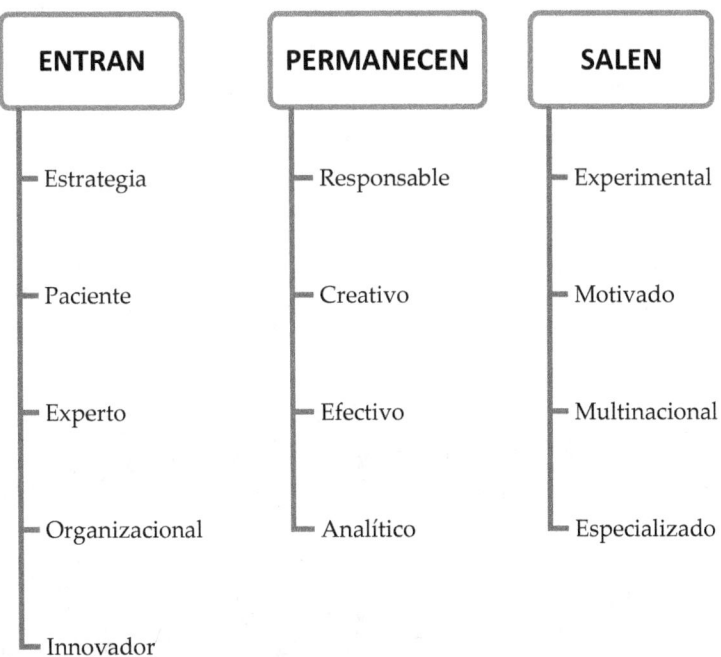

Fuente: http://blog.LinkedIn.com/2013/12/11/buzzwords-2013

Piensa en qué palabras de todas estas te definen y asegúrate que estén incluidas en tu perfil en la sección del Extracto.

Usa LinkedIn como si fueras un experto

Búsqueda de empleo: claves y hábitos

Hay hábitos que te ayudarán a encontrar empleo antes. Vamos a analizar cuáles son, según LinkedIn™, los hábitos de las personas que encontraron trabajo en menos de 3 meses. Son los siguientes:

> **El 91% tenía informadas 5 habilidades o más:**
> Añade las habilidades relevantes a tu perfil para que te encuentren los reclutadores

> **El 91% buscaba en páginas de empresa:**
> Allí suele haber ofertas de trabajo, incluso antes que en portales de empleo

> **El 89% tenía una foto en el perfil:**
> Añade una foto profesional en tu perfil para que te pongan cara

> **El 87% tenía 10 o más conexiones:**
> Haz crecer tu red para tener mayor visibilidad

> **El 82% participaba en grupos:**
> Busca trabajos, participa en los debates y ayuda a otros

> **El 81% tenía validadas al menos 10 habilidades:**
> Consigue que te validen tus mejores habilidades

> **El 81% utilizaban LinkedIn con frecuencia:**
> Tómate 10 minutos diarios para interactuar, leer y buscar en LinkedIn

Fuente: http://blog.LinkedIn.com/2014/03/19/7-smart-habits-of-successful-job-seekers-infographic

Ten en cuenta todos estos hábitos en tu gestión de LinkedIn™ para conseguir los resultados esperados.

Búsqueda de empleo: guardar el secreto

Si, teniendo trabajo, estás buscando otro para cambiar o mejorar, siempre tenemos el mismo problema: ¿cómo lo hago sin que se entere mi jefe?. Obviamente si pones en tu perfil "En búsqueda de un nuevo empleo" no nos debería sorprender que, tarde o temprano, alguien se acabe enterando, al fin y al cabo es muy posible que sepa leer, ¿no?.

A continuación listamos algunos consejos:

1. **Discreción: oculta tu actividad pero mantén tu perfil público**

Tienes que actualizar tu perfil y empezar a hacer nuevos contactos, pero no quieres que se publicite. La solución es sencilla: desactiva la difusión de actividad. En la opción:

Cuenta y configuración → Privacidad y configuración → Perfil → Activar o desactivar la difusión de tu actividad

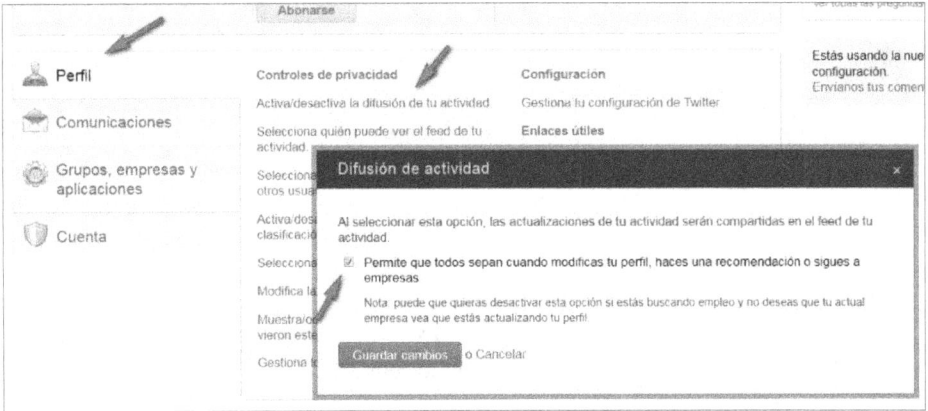

Así podrás mantener ocultas tus modificaciones en las actualizaciones de LinkedIn™ de tus contactos. Aun así mantén el perfil como público para que otros usuarios puedan verlo, aumentando su visibilidad.

2. Mantente invisible cuando veas otros perfiles

Ver perfiles de otras personas no es solo posible sino aconsejable. Sin embargo, cuando miras el perfil de otra persona puede ocurrir que conozca a tu entorno. Puedes volverte invisible cuando visitas otros perfiles. Encontrarás esta opción en **Cuenta y configuración** → **Privacidad y configuración** → **Perfil** → **Selecciona qué información pueden ver otros usuarios cuando visitas su perfil**.

3. Ordenador: mejor en el tuyo

Intenta en la medida de lo posible utilizar tu ordenador y no el del trabajo, recuerda que pueden mirar qué es lo que haces con él.

4. Horario: fuera de la oficina

Busca trabajo en tu casa si esto es viable. En caso de que te llamen para una oferta en el trabajo intenta aplazar la conversación a cuando se haya acabado tu jornada laboral. Si tienes que ir a una entrevista lo mismo, si no se puede, intenta ser lo más discreto posible (por ejemplo, usa la hora de comida para hacerla), y sé discreto: no vayas con traje si nunca lo haces. Usa el sentido común.

5. **Únete a grupos, pero mantén tu participación en privado**

En los grupos encontrarás contactos y oportunidades, pero si no quieres que nadie sepa que perteneces al grupo de "Búsqueda de trabajo en Ciudad Real" desactiva el indicador del grupo para que no aparezca su logotipo en tu perfil. Esto se hace dentro del grupo en cuestión, en el icono '*i*', en la parte superior derecha, **Privacidad y configuración → Tu configuración**

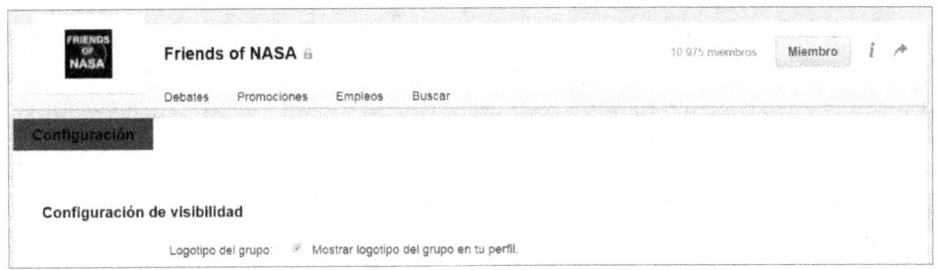

Búsqueda de empleo: herramientas que ayudan

Aprovechando el crecimiento de LinkedIn™ e intentando aprovecharse de él han salido muchas herramientas tanto en web como en forma de aplicaciones para móviles y tabletas que intentan, basándose en tu usuario de la red social profesional por excelencia, aportar su granito de arena. Algunas realmente no sirven para mucho, pero hay otras que pueden ser muy útiles. Un ejemplo: Jobify. Esta aplicación, disponible de momento solo en la Apple Store para Iphone e Ipad, se basa en la dualidad LinkedIn™ y geolocalización, ofreciéndote los puestos de trabajo que podrían interesarte en tu área de influencia. También puedes buscar ofertas en la zona que desees. Cuando ves una oferta interesante la marcas de una forma sencilla y la guarda en tu carpeta de ofertas guardadas; carpeta que sincroniza con tu LinkedIn™.

Igual que esta aplicación existen muchas otras que, basándose en tu perfil, te ofrecen diversas formas de explotar la información de LinkedIn™ y poder sacarle más partido.

Hacer una infografía del perfil de LinkedIn

Otra aplicación de LinkedIn™, disponible desde 2011, que es poco conocida es *Visualize.me*. Se puede acceder desde aquí:

http://vizualize.me

Con ella puedes hacer una infografía de tu perfil de forma personalizada, cambiando los estilos, fuentes, colores, formato y las secciones. Además, una vez realizada puedes compartirla entre distintas redes sociales, incluida, por supuesto, LinkedIn™.

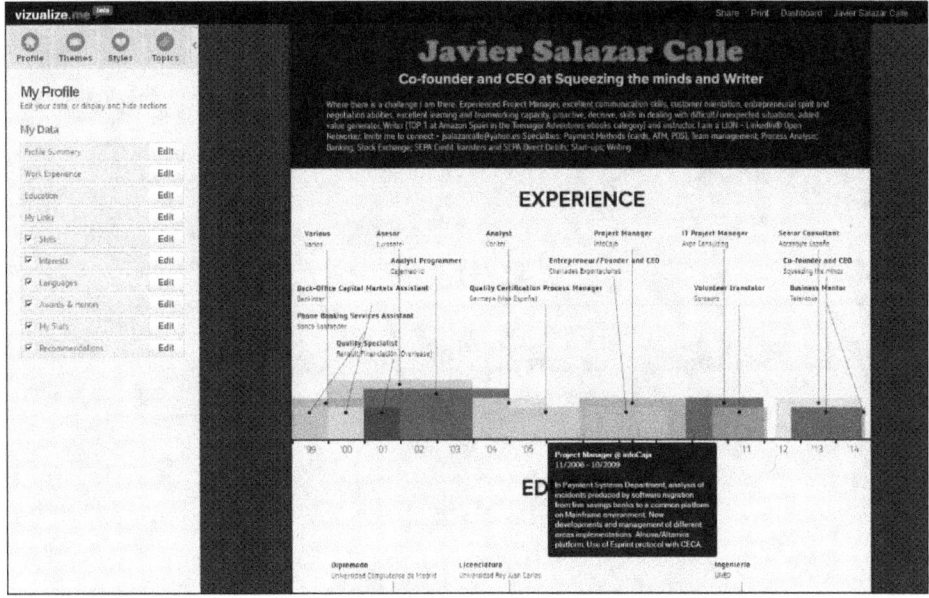

Es una forma diferente y original de ver y enseñar tu perfil, que te puede diferenciar del resto y hacerte destacar.

Deja que LinkedIn haga tu currículo

Si LinkedIn™ tiene toda tu vida profesional, ¿por qué no nos hace el currículo? Eso debieron pensar en su momento y crearon la aplicación *Resume Builder*. Se puede acceder desde aquí:

http://resume.linkedinlabs.com

Al conectar con tu usuario de LinkedIn™, das permiso para tomar tus datos y generar una versión del mismo que puedes: editar, compartir, descargarte en PDF o borrar.

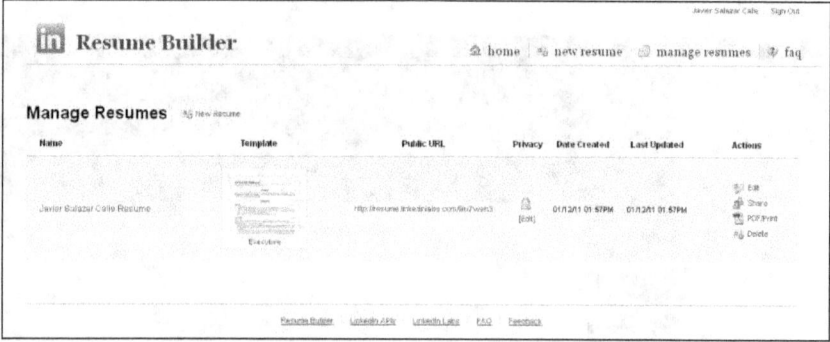

Hay más de 10 modelos de currículo diferentes para elegir.

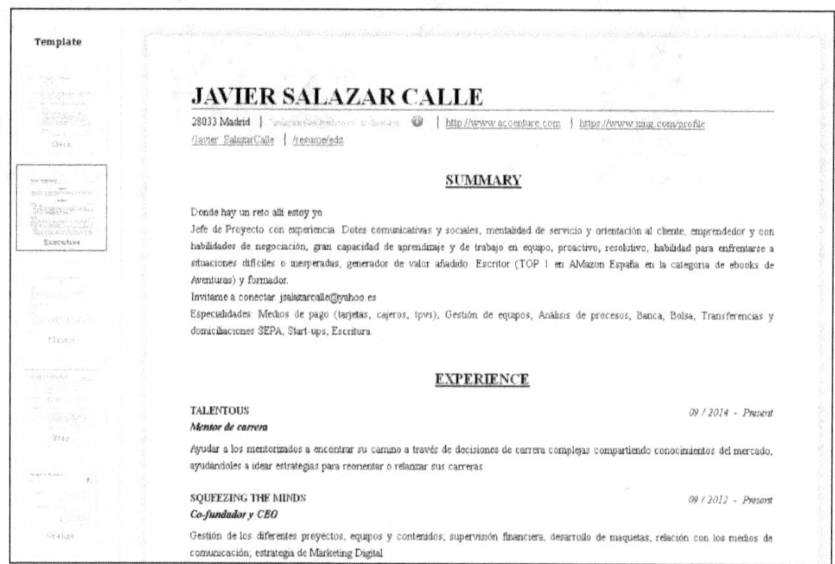

Deja que Slideshare haga tu currículo

En 2012, LinkedIn compró Slideshare por 119 millones de dólares. Desde entonces, ha mejorado la conectividad con la red social. Te puedes conectar utilizando tu perfil de LinkedIn™ y te ofrece la posibilidad de crear un recorrido por tu vida profesional.

Hay dos formatos diferentes a elegir. El primero con foto y las diferentes áreas a un lado:

El segundo muestra los datos más centrados:

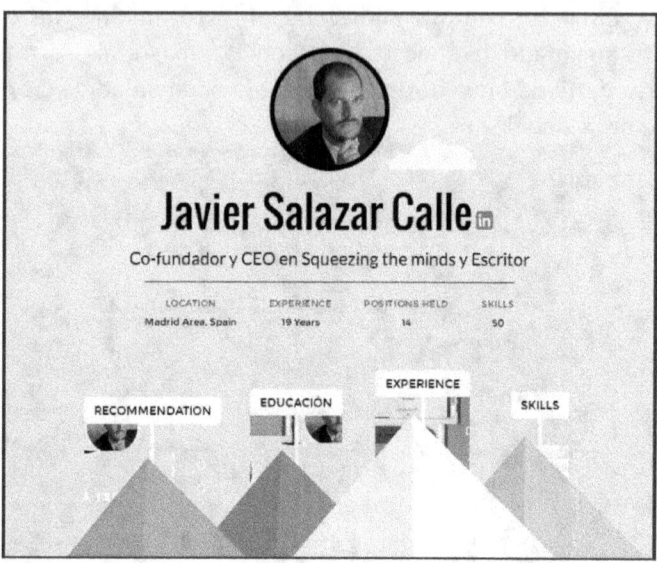

En ambos casos podrás navegar por tu perfil mostrando toda la información de una forma completamente diferente y, cuando lo tengas claro, publicarlo. Además, se puede compartir en tus redes sociales.

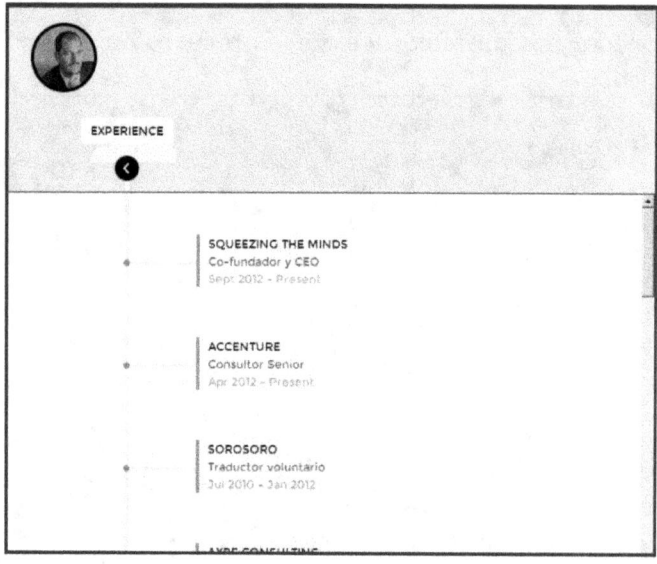

Off the topic

Curiosidades del día a día

1. LinkedIn™ solo te concede 3.000 invitaciones para enviar, pero si se te agotan las pides en el <Centro de Ayuda> (desde tu foto en la parte superior derecha de la página, entre las opciones que se despliegan) y te dan otras 3.000 más (nosotros ya lo hemos hecho alguna vez). Eso sí, utilízalas con sabiduría.
2. Si rechazan tus invitaciones muchas personas, LinkedIn™ te bloquea el envío de nuevas sin correo electrónico. Esta restricción también la levantan, pero un número muy limitado de veces. Luego tendrás el bloqueo de por vida.
3. Sólo puedes ser miembro de hasta 52 grupos como máximo, cada uno con un único propietario y hasta 10 administradores. Elígelos bien. Si perteneces al máximo de grupos posible y quieres unirte a uno más tendrás que darte de baja primero de alguno de los que ya tengas.
4. No puedes tener más de 30.000 contactos (no te permiten aceptar tampoco invitaciones llegados a ese límite).
5. Puedes empezar hasta 7 discusiones por día.
6. Puedes ser propietario o administrador de hasta 10 grupos y 20 subgrupos.
7. Puedes ser moderador de hasta 50 grupos.
8. Puedes seguir a 5.000 personas. Tampoco podrías seguir de verdad a más personas…¿no?.
9. Los grupos pueden tener, inicialmente, hasta 20.000 miembros.
10. Un subgrupo puede tener 50 moderadores.
11. LinkedIn™ se está integrando con WeChat, la aplicación de mensajería. Ha empezado en China pero pronto estará en todo el mundo. Podrás ver qué contactos de LinkedIn™ están en WeChat, invitarles, ver sus perfiles desde WeChat y muchas más opciones (incluyendo la obvia de chatear con ellos).

¿Cómo encontrar los temas más actuales en LinkedIn?

Es importante saber qué busca en LinkedIn™ tu público objetivo para poder centrarte en esas palabras en tu perfil. Hay una aplicación de LinkedIn™ que lleva operativa desde 2011 y que es desconocida para la mayoría de la gente que te dice eso de una forma muy intuitiva. Se llama *Swarm* y se accede desde aquí:

http://swarm.linkedinlabs.com

Si entras podrás ver una nube de palabras más buscadas en las últimas horas por diferentes categorías: puesto de trabajo, compañías, funciones… La nube va cambiando automáticamente de categoría y actualizando sus datos.

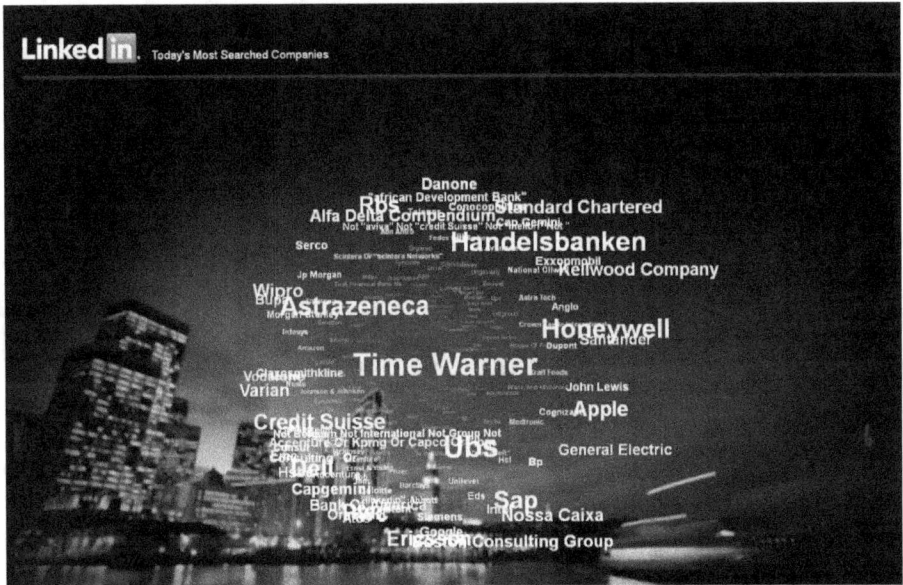

Dar de baja y recuperar el perfil de LinkedIn

Cerrar la cuenta

Si por alguna razón quieres desaparecer de LinkedIn™ es fácil. Eso sí, piénsatelo, porque aunque podrás deshacer la acción durante 20 días, tiene sus consecuencias:

- No podrás acceder a tus contactos ni a la información que hayas agregado a la cuenta.
- Tu perfil ya no podrá verse en LinkedIn™.
- Puede que motores de búsqueda como Yahoo!, Bing y Google continúen mostrando tu información temporalmente.
- Perderás todas tus recomendaciones y validaciones.

Puedes cerrar tu única cuenta de LinkedIn™ en la página de Privacidad y configuración. Los pasos son:

1. Pasa el cursor por tu foto en la parte superior derecha de tu página de inicio y haz clic en *Privacidad y configuración* (puede que te pida volver a iniciar sesión en tu cuenta)

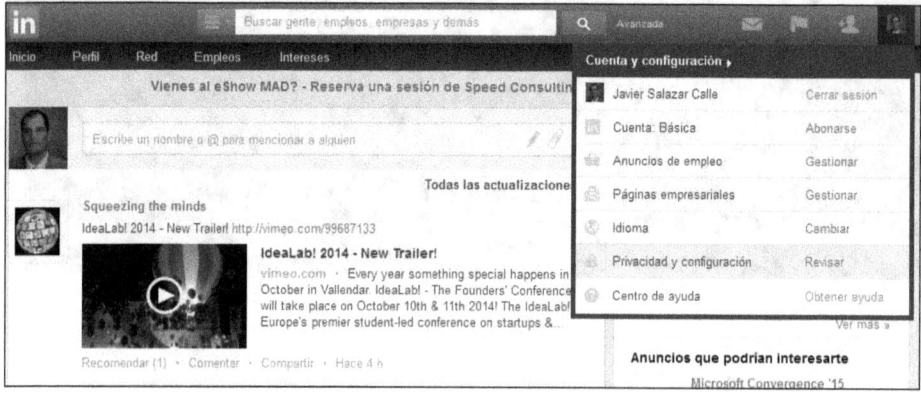

2. Pulsa sobre la pestaña lateral *Cuenta* junto al icono del escudo cerca de la parte inferior izquierda de la página.

3. Debajo de la sección *Enlaces útiles*, selecciona <Cerrar tu cuenta>.

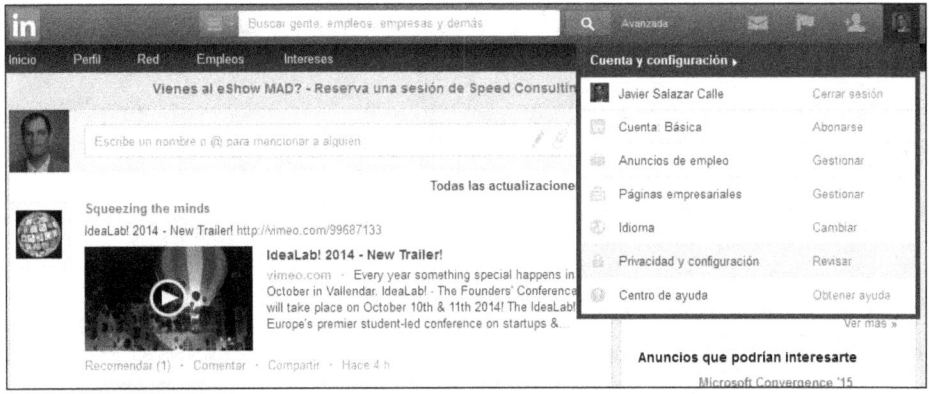

Reactivar la cuenta

¿Y si te arrepientes de cerrar tu cuenta o te has equivocado? Desde el soporte de LinkedIn™ pueden volver a abrir tu cuenta si la cerraste hace menos de 20 días. Si hace más de ese tiempo, no puedes hacer nada.

Para reactivarla hay que contactar con ellos con el nombre exacto y la dirección de correo electrónico utilizados con esa cuenta.

⚠Importante: cuando LinkedIn™ reabre de nuevo una cuenta, no pueden recuperar:

- Tus grupos.
- Las personas influyentes, empresas, etc. que estabas siguiendo.
- Las invitaciones que tuvieses pendientes de aceptar o rechazar.
- Las validaciones y recomendaciones que tuvieses.
- La foto del perfil.

Teniendo en cuenta esto recuerda que es importante pensártelo muy bien antes de cerrar la cuenta.

Conseguir el histórico de tu perfil de LinkedIn

Con esta opción puedes descargarte toda la información de tu perfil. Se puede acceder desde aquí:

https://www.linkedin.com/settings/data-export-page

Te saldrá esta pantalla para solicitar los datos:

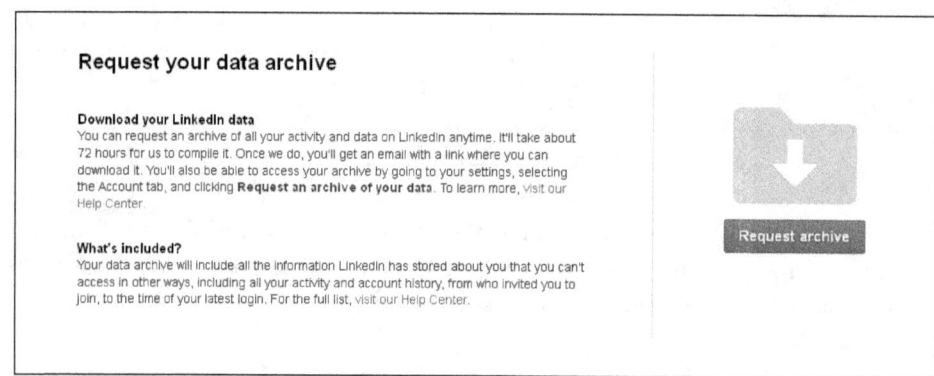

Pulsas en el botón de <Request archive> y te saldrá:

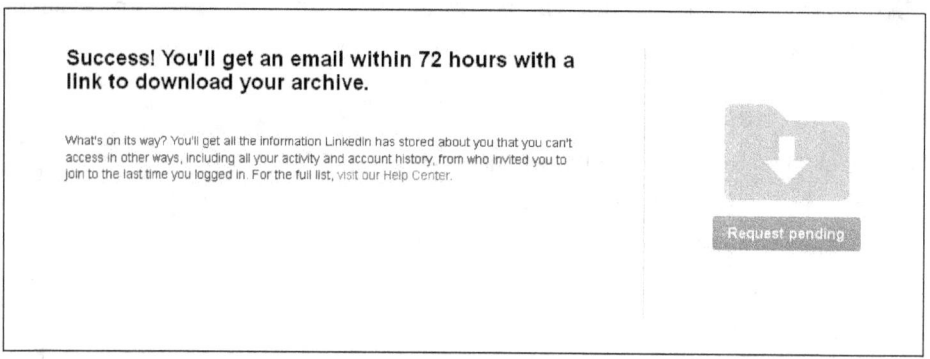

En menos de 3 días recibirás el link para descargarte toda la información, que incluye entre otras cosas: imágenes, direcciones de contactos, recomendaciones recibidas, información de tus grupos, habilidades, anuncios a los que accediste, etc.

El correo que recibirás es el siguiente:

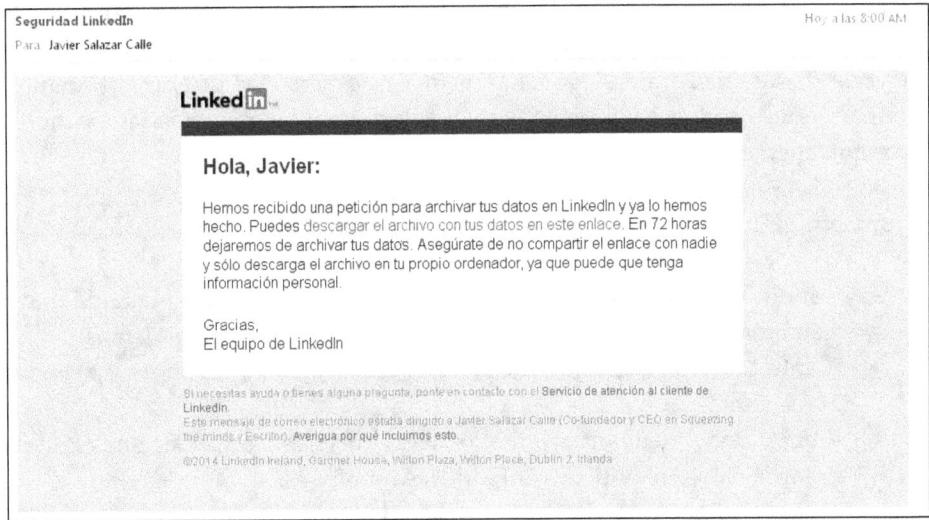

Te podrás descargar un fichero comprimido que contendrá todos estos archivos (algunos de ellos muy útiles como la lista de contactos, cuyo formato de datos es incluso mejor que el de la propia opción de descarga):

Usa LinkedIn como si fueras un experto

LinkedIn Connected: la app de LinkedIn

La nueva aplicación LinkedIn Connected es una manera rápida y sencilla de fortalecer tus relaciones profesionales. ¿Por qué es esto importante? Porque la mayoría de las oportunidades llegan a través de personas que ya conocemos. Connected te ofrece actualizaciones relevantes sobre las personas que conoces para que puedas comunicarte con ellas cuando sea oportuno.

Invierte en tus contactos hoy para cosechar los frutos mañana.

- Sabrás cuándo ponerte en contacto. Te notificaremos cuando haya cambios de empleo, cumpleaños, aniversarios de trabajo y demás.
- Céntrate en las personas adecuadas gracias a actualizaciones oportunas y relevantes.
- Causa una buena impresión e inicia mejores conversaciones con la información que obtienes antes de las reuniones.
- Forja relaciones más intensas empleando tan solo unos minutos al día.

Está disponible tanto para Android como iOS.

Grytics: ayuda para analizar grupos de LinkedIn

Es un servicio web que te proporciona herramientas para mejorar la gestión de los datos de tus grupos de LinkedIn™ (y también de Facebook). Su uso te permitirá evaluar una gran cantidad de datos. La puedes encontrar aquí:

https://grytics.com

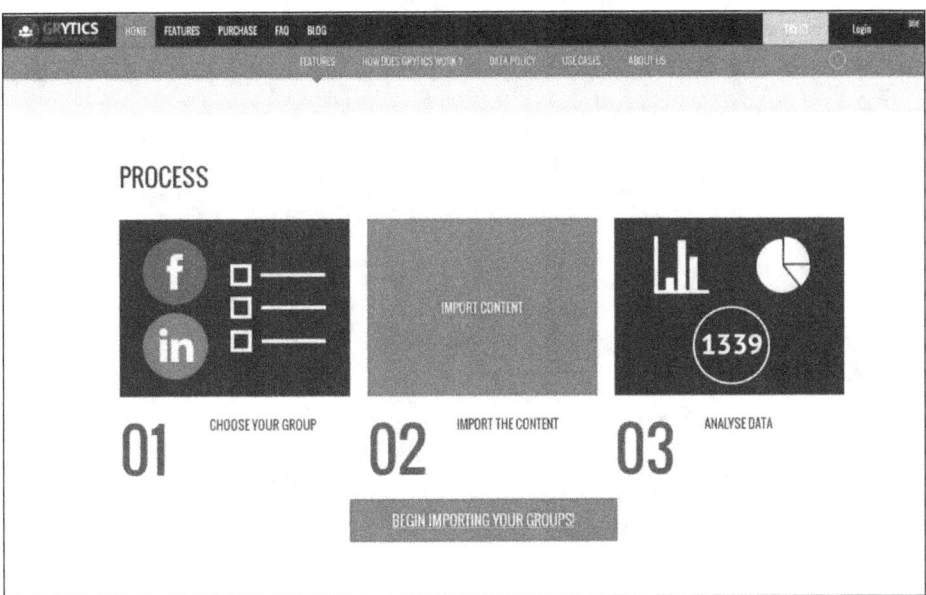

Tiene bastantes funcionalidades gratuitas (estadísticas generales y avanzadas, exportación de PowerPoint con los datos generados y lista de miembros activos) y otras de pago (exportar .csv de post o de miembros más activos).

Si eres el administrador de uno o varios grupos de LinkedIn™ te puede resultar tremendamente útil para explotar todos los datos de los mismos.

Professionals Like You: ¿estoy bien situado?

Muchas veces te habrás preguntado esto mismo. ¿Cómo es mi perfil comparado con otros del sector? Para poder resolver esta duda LinkedIn™ ha implementado esta nueva funcionalidad (de momento solo para perfiles en inglés y con cuenta Premium).

Professionals Like You te permite poder compararte con profesionales como tú, de forma que puedes ver cómo lo hacen ellos y aprender de sus ideas. Puedes ver hasta 100 perfiles similares al tuyo, pudiendo añadirles como contacto si quieres postularte a sus empresas o pedirles consejo.

Competidores

Comparativa con la competencia

Las principales redes sociales de profesionales son LinkedIn, Xing y Viadeo / Tianjin. Vamos a revisar en la siguiente tabla la comparativa entre las mismas teniendo en cuenta diversas variables:

	LinkedIn	Xing	Viadeo / Tianjin
Usuarios	400 millones	15 millones	77 millones
Cuenta básica gratuita	Sí	Sí	Sí
Cuenta Premium	Desde 18,44 hasta 676,44 €/mes	7,95 €/mes	7,65 €/mes
Búsqueda sin limitaciones	Premium	Gratuito	Premium
Saber quién ha consultado mi perfil	Premium	Gratuito	Premium
Escribir a cualquier contacto	Premium	Premium	Premium
Importar / exportar contactos	Sí	Parcial	No
Distribución de usuarios	EEUU 34% UK 6,5%	Alemania 50% Austria y Suiza	Francia 54% China 34%

Datos de 2014

Como puedes ver hay diversidad en las ventajas y desventajas que ofrece cada una. Entonces, ¿cuál elegir?, ¿cuál te interesa más a ti?.

Esto lo analizamos en la siguiente página.

La mejor red social según para qué

Aquí puedes ver una comparativa entre las tres redes sociales profesionales principales del mundo según seis variables distintas que cubren los requisitos que necesitan la mayoría de las personas y empresas que se acercan a ellas:

	LinkedIn	Xing	Viadeo / Tianjin
Organizar el perfil	√		
Servicios orientados a la comunidad			√
Gestionar la privacidad	√		
Gestión de ofertas de trabajo		√	
Cuenta Premium más económica			√
Mayor internacionalización	√		

Con esto se puede inferir que, dependiendo de qué busquemos o queramos, nos puede interesar más una red u otra. Está claro que si estamos en todas nuestra visibilidad es mayor, pero ¿tienes tiempo suficiente para gestionar todas adecuadamente? Si la respuesta es sí, adelante con todas. Si la respuesta es no, es mejor estar bien en una que mal en tres.

Y si hay que estar solo en una ya sabes lo que te vamos a proponer... ¿o no te has leído este libro?

Glosario

Términos importantes

- **B2B.** Business-to-business es el comercio electrónico entre empresas.
- **B2C.** Business-to-consumer se refiere a la estrategia que desarrollan las empresas comerciales para llegar directamente al cliente o consumidor final.
- **Conexiones.** Número de personas con las que estás relacionado en LinkedIn™. Es el equivalente a los amigos de Facebook o Createspace.
- **Compartir.** Permite intercambiar contenidos que consideremos de interés para nuestra red de contactos profesionales.
- **Editar.** Es un concepto informático, es la acción de crear o modificar algo en un formulario o página web.
- **Facebook.** Es un sitio de redes sociales, que originalmente fue un sitio para estudiantes de la Universidad de Harvard, pero que actualmente está abierto a cualquier persona que tenga una cuenta de correo electrónico.
- **Google+.** Red social lanzada por Google para competir con Facebook.
- **Grupos.** Se trata de foros de discusión e intercambio sobre un tema determinado arbitrados por un administrador.
- **Icono.** Imagen, dibujo o figura que se utiliza para mostrar algo en representación de otra que la sustituye. Puede ser una imagen, enlace, estado de ánimo, etc...
- **InMail.** Comunicación interna dentro de LinkedIn™. Puedes mandar un InMail a personas que no sean contacto tuyas.
- **LinkedIn™.** Red Social dentro de Internet más popular de empleo y profesionales. Comunidad donde las personas se comunican y comparten información a través de mensajes escritos, con enlaces, opción de creación de eventos y debates.
- **LinkedIn Ads:** solución publicitaria de autogestión que permite crear y publicar anuncios en páginas destacadas del sitio web de LinkedIn.com
- **Página web.** Sitio disponible en internet con información específica sobre uno o varios temas, llamado también Web o portal Web, su contenido puede ser variado y con enlaces a otras páginas.
- **Perfil.** Es un sitio dentro de la Red Social donde aparece una descripción del usuario con los datos aportados por él mismo.
- **Pipeline.** Término que se utiliza para denominar a un gestor de oportunidades.
- **Recomendar.** Otros usuarios pueden escribir acerca de la relación profesional que se haya producido de manera favorable.
- **Red Social.** Comunidad de personas, que se comunican y comparten información a través de la plataforma.
- **Registro.** Paso fundamental para formar parte de una red social. Es la

página donde se ha de poner los datos del perfil usuario contestando a una serie de preguntas.
- **Seguir.** Para poder estar al día en la publicaciones realizadas por la empresa.
- **SEO.** Consiste en la práctica activa de la optimización de un sitio web mediante la mejora de aspectos internos y externos con el fin de aumentar el tráfico que una página web recibe desde los motores de búsqueda.
- **Twitter.** Es una red social basada en el microblogging. La red permite mandar mensajes de texto plano bajo tamaño con un máximo de 140 caracteres, llamados tweets, que se muestran en la página principal del usuario.
- **URL (Uniform Resource Locator).** Es lo que la mayoría llamamos dirección web.
- **Usuario**. En términos informáticos, es la persona que usa un servicio en internet.
- **Viadeo**. Red social profesional y de negocios que surge en Francia en junio de 2004.
- **Xing.** Red social profesional y de negocios nacida en Alemania como proyección virtual del club financiero de Hamburgo y otros.

Otros libros del autor

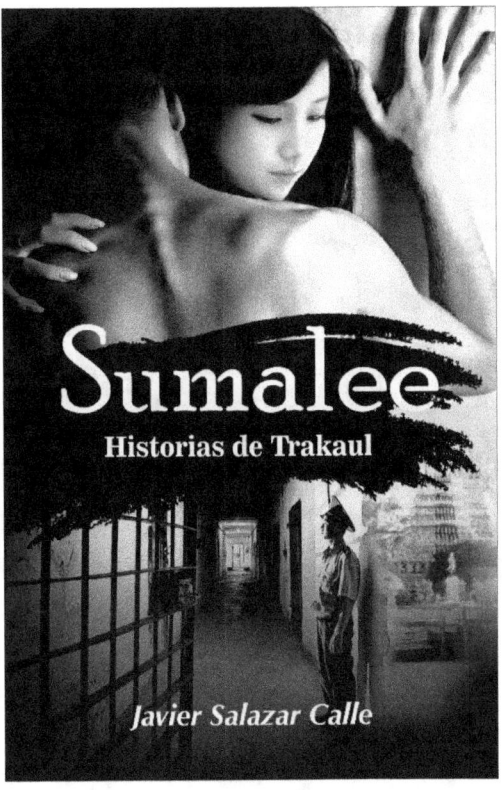

Una historia apasionante de amor, sexo, misterio y violencia que no dejará indiferente a nadie.

Este libro cuenta la historia de David, un hombre que viajó a Singapur para iniciar una nueva vida. Allí conocerá el amor, la esperanza, la traición, el dolor y vivirá una tórrida historia que va más allá de fronteras y nacionalidades con una desconcertante mujer. Sin saber cómo, acabará en el infierno de Bang Kwang; una cárcel tailandesa de máxima seguridad. Un lugar donde los cuerdos pierden la razón o se suicidan porque no soportan la presión.

¡Elegida como mejor novela juvenil de 2014 por el periódico El Economista y sus lectores!

Cuando una persona normal y corriente, cualquiera de nosotros, se encuentra de repente en una situación de vida o muerte en medio de la selva, ¿sabría sobrevivir?

Este es el simple dilema que se le ofrece al protagonista de nuestra historia, que se ve envuelto en una inesperada situación de supervivencia extrema en la selva de Ituri, en la República del Congo, en África.